기도하는 바보가 되라

설교자하우스 소책자 01

기도하는 바보가 되라

초판 1쇄	2016년 10월 30일
6쇄	2018년 12월 26일
7쇄	2019년 06월 20일

지은이	정창균
펴낸이	황대연
발행처	설교자하우스
주소	경기 수원시 팔달구 권광로 276번길 45, 3층
전화	070. 8267. 2928
전자우편	1234@naver.com
등록	2014. 8. 6.

ISBN 979-11-955384-3-0
값 7,000원

ⓒ 정창균 2016

이 도서의 국립중앙도서관 출판예정도서목록(CIP)은 서지정보유통지원시스템 홈페이지(http://seoji.nl.go.kr)와 국가자료공동목록시스템(http://www.nl.go.kr/kolisnet)에서 이용하실 수 있습니다.(CIP제어번호: CIP2016025361)

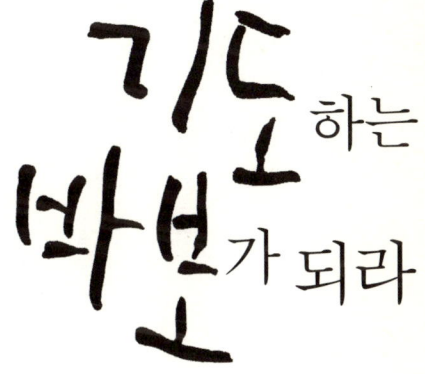

기도하는 바보가 되라

정창균

기도의 사람에게 기도를 배우다

설교자하우스

기도하는 바보가 되라

머리말   6

CHAPTER **1** 기도의 사람   14
    1. 그의 기도 이야기   16
    2. 기도에 대한 가르침   28

CHAPTER **2** 항상 기도하라   33
    1. 투쟁적으로 힘쓰는 기도   35
    2. 평소에 하는 기도   42
    3. 오래 하는 기도/규칙적으로 하는 기도   48
    4. 응급 기도   52
    5. 특별기도   55
    6. 극복해야 할 기도의 장애물들   57

CHAPTER 3 참된 기도를 하라   65

1. 영적인 기도- 하나님 중심의 기도   67
2. 진실한 기도- 사욕이 없는 기도   68
3. 모든 사람을 위한 기도   70
4. 전심기도- 인격적 헌신의 기도   75
5. 혼자 하는 기도- 외식 하지 않는 기도   77
6. 파렴치한 기도- 강청하는 기도   80
7. 음성으로 하는 기도- 분명하고 구체적인 기도   82

CHAPTER 4 기도는 응답 된다   91

1. 기도 응답의 확신   93
2. 적극적 응답과 부정적 응답   96
3. 즉각적 응답과 지연되는 응답   100
4. 깨닫지 못하는 응답   102
5. 확실히 알려진 응답   105
6. 은밀한 작정 의지에 의한 응답   107

CHAPTER 5 기도로 설교에 불을 붙이라   113

머리말

,

이 책은 기도의 사람에게 기도를 배워보고 싶어서 썼다. 그 기도의 사람은 정암 박윤선 목사이다. 그는 한국교회 역사에서 기도하는 신학자요 동시에 목회자로 정평이 났던 사람이다. 물론 정암 박윤선은 그의 후배들과 제자들에게 그리고 그를 존경하며 따랐던 많은 교인들에게 여러 가지 모습으로 기억되고 있다. 그는 한국교회 역사에 처음으로 개혁주의를 들여놓은 신학자이다. 그는 최초로 신구약 전권 주석을 집필한 주경학자이다. 그는 평생을 목회자 양성에 전념한 사람으로, 한국교회의 수없는 목회자들에게 존경받는 선생님이다.

그러나 박윤선 하면 떠오르는 여러 가지 기억 중에서도 빼놓을 수 없는 한 가지는 아마도 "기도"일 것이나. 그는 기도에 진력을 쏟는 사람으로 평생을 살았다. 그는 기도의 사람이었다. 뿐만 아니라, 그를 따르는 사람들에게 평생 기도를 극도로 강조하였다. 정암 박윤선에게 존경의 뜻을 담아 붙여지는 독특한 표현이 있다. "경건과 학문을 겸한 사람"이라는 말이다. 그의 경건이란 그의 일상의 삶이 된 기도생활과 철저한 말씀에 대한 순종에서 드러나는 인격을 두고 하는 말이다. 그의 경건이 한국교회에 끼친 영향은 그가 한 인간으로서 보여준 크고 작은 모든 약점들과 실수들을 덮고도 남음이 있다.

필자는 이미 정암 박윤선에 대한 글을 두 차례 발표한 적이 있다. 한 번은 설교학적 관점에서 정암 박윤선의 설교를 분석해 본 것이었다.[1] 그 다음은 합신 개교 30주년을 맞아 정암 박윤선이 합신인에게 남긴 설교들을 재조명함으로써 그가 가르치고자 한 정신을 규명해 보려는 글 이었다.[2] 그렇게 정암 박윤선의 설교들을 연구하면서 필자는 언젠가 기회가 오면 정암의 설교에서 두드러지게 나타나는 몇 가지 주제를 더욱 심층적으로 연구해보고 싶은 욕구를 갖게 되었다. 그 주제들은 크게 네 가지 인데, 그의 기도에 대한 가르침, 말씀사역 곧 설교에 대한 가르침, 고난에 대한 가르침, 그리고 경건에 대한 가르침 같은 주제이다.

이 책은 정암 박윤선의 기도에 초점을 맞추어 그의 기도생활과 그가 그렇게 강조한 기도에 대한 가르침을 밝혀서 이 시대 교회 지도자들, 그리고 신자들의 기도생활에 불을 붙이고 싶은 소원을 품고 집필하였다. 굳이 "그의 설교에 나타난" 기도에 대한 가르침으로 한정하는 것은 두 가지 이유 때문이다. 첫째, 설교를 통하여 그의 생생한 육성을 들을 수 있기 때문이다. 그러므로 이 책에서는 정암의 설교 육성 녹취문을 그대로 인용하였다. 둘째는 그의 기도에 대한 가르침이 실제로 대부분 설교를 통하여 이루어졌기 때문이다. 그가 기도에 대하여 그렇게 강하게 그리고 반복적으로 가르쳤지만 기도론을 총괄적으로 그리고 체계적으로 다룬 단행본을 저술하지는 않았다. 그 배경에는 아마도 기도는 실천적으로 행해야 하는 것이지 현학적으로 논의를 해야 하는 사변이 아니라는 그의 지론이 자리 잡고 있을 것이다. 기도는 논하는 것이 아니라, 실천해야 되는 것이다. 물론 한 편의 설교에서 기도에 대한 모든 내용을 다루는 것은 불가능하다. 정암도 그렇게 하지 않았다. 그러므로 강단에서 그때그때의 본문을 근거로 하여 다양한 측면에서 쏟아낸 기도에 대한 메시지들을 종합적으로 살펴보고 체계화함으로써만 그의 기도에 대한 가르침을 규명할 수 있다.

이 책에서는 먼저 정암 박윤선이 일상의 삶 가운데서 평생 실천한 그 자신의 기도생활을 간략히 살펴본다. 기도의 사람이 행한 기도 이야기인 셈이다. 그리고는 그의 설교에 나타난 기도에 대한 다양한 가르침들을 몇 가지 항목으로 분류하여 살핀다. 물론 그가 직접 기도를 주제로 표방하고 행한 설교들을 중심으로 할 것이다. 그러나 그는 많은 경우에 기도를 직접 주제로 다루지 않는 설교들에서도 수시로 기도를 강조하며 기도로 연결시키는 방식을 일반적으로 취하고 있다. 그러므로 다른 주제로 행한 설교들 가운데서도 기도에 대한 그의 입장을 확인할 수 있는 대목들을 자유롭게 참고할 것이다. 정암의 설교는 그의 주석과 3권의 설교집 그리고 설교테이프와 미발간 테이프의 녹취문 등으로 1,460여 편이 남아있다. 그 중에 기도를 주제로 삼아 제목에 기도라는 단어를 포함시켜 시행한 설교는 83편이다. 대부분의 설교는 요약식 설교로서 정암이 했던 내용을 생생하게 듣거나 읽을 수 있는 설교전문은 1974년에 발간된 설교집 제2권(응답되는 기도)의 32편과 설교테이프 그리고 일부 미발간 테이프의 녹취문으로 보존되어 있는 172편이 전부이다. 그러므로 이 책에서는 그의 설교전문을 확인할 수 있는 204편의 설교와 그 중에서도 특히 기도를 제목삼아 시행한 23편 및 기도를 중요하게 언급한 다른 설교들을 중심으로 이루어질 것이다. 그리고 정암이 직접 한 말을 독자가 직접 확인하면서 그의 기도에 대한 가르침을 따라갈 수 있도록 필자의 해설이나 주장을 최소한으로 줄였다. 대신 정암이 직접 한 말들을 최대한 인용하며 제시하였다. 그러므로 이 책을 최대한 효과적으로 사용하기 위해서는 인용한 설교문들을 세심하게 읽어야 한다. 인용한 설교들의 제목, 설교를 행한 일시와 그 설교가 수록된 테이프 등은 책 뒤에 미주로 밝혀놓았다.

정암의 저술과 강의 그리고 설교들을 집중적으로 출간해온 영음사에서는 최근 수년 동안 정암의 설교들을 편집하여 여러 권의 설교집으로 출간하였다.

물론 설교는 설교자의 사상이나 정신을 체계 있게 진술한 글은 아니다. 설교는 특정의 본문을 근거로 그 본문의 해석을 통한 메시지를 전달하는 것이다. 엄밀한 의미에서 설교는 설교자가 말하고자 하는 사상이 아니라, 본문이 말하고자 하는 본문의 메시지이다. 따라서 설교의 주제는 설교자의 의도에 따라서가 아니라 본문에 따라서 결정된다. 그러므로 설교를 통하여 한 사람의 사상과 정신을 조명한다는 것 자체가 한계성을 가질 수밖에 없다. 그러나 정암의 설교에는 본문의 해석을 통하여 확립된 기도에 대한 그의 깊은 통찰과 그 시대의 교회 현실에 대한 인식으로부터 온 강한 메시지들이 일관되게, 그리고 반복적으로 선포되고 있다. 이런 점에서 그가 행한 기도에 대한 설교들을 종합하여 그 메시지들을 그의 기도에 대한 가르침이라는 주제 아래 몇 가지의 범주로 분류하는 것은 정당할 뿐만 아니라, 의미도 있다.

기도라는 관점에서 정암 박윤선을 접근할 때 우리가 얻는 결론은 크게 두 가지이다. 첫째는 그 사신이 "죽기내기"로 기도를 힘쓴 기도의 사람이었다는 사실이다. 둘째는 그는 무엇보다도 기도할 것을 강조하여 가르쳤다는 사실이다. 현대의 신자들, 특히 목회자들과 교회 지도자들이 "기도"를 내려놓고 "기획"에 몰두하는 경향을 보이는 것은 매우 잘못된 것이다. 신자들이 감동적인 간증이나 찬양행사 등에 관심을 쏟으며 무엇인가 마음을 짜릿하게 해주는 감동을 추구하면서 정작 하나님께 나아가 마음을 쏟아놓고 기도하는 것을 소홀히 하는 것은 매우 위험한 일이다. 정암은 그러한 우리의 모습을 크게 책망할 것이다. 정암이 가르친 바대로 기도를 이해하고, 정암이 요구하는 바대로 기도 생활을 하려 한다면 우리는 모두 기도는 고독을 수반한다는 한 가지 사실에 직면하게 될 것이다. 특히 현대 목회자들과 신앙인들에게 시급히 필요한 것은 어쩌면 온갖 것에 대한 현란한 관심으로 언제나 분주하게 다니는 모습을 벗어나, 정암이 말한 대로 말씀과 기도에 투신하여 죽기내기로 힘쓰는 "고독한 몰입" 일런지 모른다. 교회지도자들은 다양한 목회 프로그램사냥에 시간과 정력을 쏟기 전에 먼저 기도에 헌신하는 것이 급선무일 것이다. 신자들은 기도를 자신이 원하는 것을 하나님께 고집스럽게 우겨대서 결국 원하는 것을 받아내는 것이고, 그런 시급한 일이 없으면 기도할 필요가 없다는 왜곡된 기도생활을 바로잡고 참된 기도생활을 회복해야 한다. 이 작은 책이 한국교회 신자들에게 참된 기도생활의 불을 지피는 데에 어떤 식으로든 사용된다면 여한이 없겠다. 그리고 세월이 갈수록 더욱 고맙고 그리운 선생님이신 정암에게도 평생 신세지고 살아가는 이 제자의 작은 보답이 되었으면 좋겠다.

이 책의 제목은 합신 1회 양영학 선교사의 회고담에서 빌려온 것이다. 양영학 선교사는 1980년 총신 사태가 벌어졌을 때 졸업반 학생이었다. 그는 학교가 혼란과 분쟁에 빠지고 날이 갈수록 소요사태가 악화되고 있는 와중에서 그 문제를 해결해보고자 학생들과 교수들과 이사들 사이를 분주히 다니며 애쓰고 있었다. 하루는 대학원장직을 수행하고 있던 정암 박윤선 목사가 그를 연구실로 불렀다. 정암은 연구실에 들어서는 양영학 학생을 한참 바라보고, 한 동안 침묵하다가 한 마디를 하였다. "돌아다니는 똑똑이가 되지 말고, 기도하는 바보가 되시요!" 그 한 마디를 하고는 그를 나가라며 내보냈다.[3] 인간적인 수단을 동원하여 문제를 해결해보려고 바삐 돌아다니는 것보다, 바보처럼 보일지라도 하나님께 기도하는 것이 사실은 똑똑한 처신이라고 강조한 것이다. "돌아다니는 똑똑이가 되지 말고, 기도하는 바보가 되라!" 어쩌면 이것이 박윤선 기도론의 마지막 요약일 것이다. 그리고 오늘 날 이 나라의 교회 지도자들과 신자들이 가슴에 새기고 실천해야 할 마지막 지침일 것이다.

이 시대의 진정한 똑똑이는, 다름 아닌 그 바보일 것이다.

기도하는 바보!

"
돌아다니는 똑똑이가 되지말고,
기도하는 바보가 되라!
"

CHAPTER 1

기도의 사람

그의 기도 이야기

정암 박윤선이 세상을 떠나기 직전까지 어떻게 기도에 전념하는 삶을 살았는가는 잘 알려진 사실이다. 그는 제자들과 목회자들에게 기도를 강조하며 가르치기 이전에 본인이 철저한 기도의 삶을 실천한 기도의 사람이다. 김명혁 교수의 지적처럼, 박윤선 목사에게 있어서 기도는 그의 설교나 주석에 나타나기 이전에 그의 삶에 그대로 나타났고 그대로 실천되었다.[4]

김명혁 교수는 "박윤선의 기도"라는 논문에서 1) 평양숭실 전문학교 시절 2) 평양신학교 시절 3) 미국 유학시절 4) 부산 고려신학교 시절 5) 주석집필 시절 6) 총신대 대학원장 시절 7) 합동신학교 시절 등으로 나누어 각 시절마다 정암이 보여준 기도의 삶을 일화 중심으로 상세히 기술하고 있다. 그렇게 함으로써 정암은 평생을 기도의 사람으로 살았다는 사실을 입증하고 있다.[5]

정암이 어떻게 기도생활을 하였는가를 극명하게 보여주는 널리 알려진 일화들이 있다. 그 중에서도 서영일이 방지일 목사 및 홍치모 교수와의 인터뷰를 통하여 전하는 평양신학교 시절의 정암의 기도 생활은 가히 충격적이라고 할 만하다.

박윤선과 그의 친구들은 새벽에 가까운 장대현 교회에 찾아가서 열정적으로 기도했다고 한다. 얼마나 열심히 하였던지 의자를 잡은 손에서 피가 나올 정도였다. 그러나 그들이 너무 감정적이라는 이유 때문에 교회의 문을 그들에게 열어주지 않아서 그들은 평양 주변의 산으로 가야 했다. 아침 3시에 일어나서 4시까지 산에 모이고 7시까지 기도하는 것이 그들의 습관이었다. 박윤선은 그 이후에도 수업이나 다른 일이 없는 날은 할 수 있으면 더 남아서 기도했다고 한다. 그는 기도할 때 주변에 있는 풀들을 쥐어뜯으면서 하였는데 몇 시간 기도하고 나면 주변에 풀이 별로 남지 않았다. 다음 날은 그 옆자리로 옮겨서 또 기도 하였다.[6]

정암의 기도생활에 대한 일화들은 박윤선, 김진홍과 더불어 기도의 3총사로 알려져 있는 방지일 목사의 증언과 정암이 자신의 자서전 그리고 설교 가운데서 간간이 밝힌 기도에 대한 회고담 등을 통하여 잘 알려져 있다. 방지일 목사의 증언에 의하면, 박윤선, 방지일, 김진홍은 신성중학, 숭실대학, 평양신학 세 학교를 같이 다니며 셋이 한 몸이라고 할 수 있을 만큼 가까이 지낸 기도의 동지들이었다. 방지일 목사는 "누가 뭐래도 기도꾼은 박윤선입니다"라고 하면서 그 때의 기도생활을 이렇게 증언한다.

> 그 때는 산 기도를 가서 습기 때문에 땅에 앉아있지도 못했습니다. 비닐도 없던 때인데 우산을 만드는 데 쓰던 유단이라고 하는 천에 기름을 들인 그 천 한 조각을 사서 가지고 가면 그래도 밤새 앉아 있어도 괜찮은 편이었지요. 그리고 물병에 물을 가지고 가고, 미숫가루 한 봉지를 가지고 가서 타서 마시면서 계속 기도하던 기억이 새롭습니다. 우리 셋이 같이 기도한 제목은 첫째 엘리사의 기도같이 '갑절의 영감을 주세요' 라고 구하는 것이고, 둘째, '기름을 짜내듯 살게 해주세요', 셋째 '설교는 물론 오늘의 삶이 내 마지막이라 생각하고 전 생명을 쏟는 삶을 살게 해주세요' 였습니다.[7]

정암의 기도 일화 가운데는 미국에 유학을 가기 위하여 비자를 받는 문제로 기도한 것과 예상 밖으로 쉽게 비자를 받은 이야기, 철저하고 완강하게 예수 믿는 것을 반대한 어머니를 위하여 미국 유학 중에도 끊임없이 모친이 회개하기를 기도하여 마침내 어머니가 예수를 믿게 되었으며, 그 어머니가 성경을 읽기 위하여 한글을 배우기 시작하여 요 3:16을 붓으로 써서 미국으로 보내준 것을 받고 감사와 기쁨이 넘쳤던 이야기, 기도를 집중적으로 하기 위하여 애를 썼던 이야기, 주석 집필을 하다가도 생각이 막힐 때 기도하여 말씀을 깨달은 경험, 은혜를 끼치는 설교를 위하여 치열하게 기도를 한 이야기 등이 포함되어 있다. 그의 기도 생활에 대한 이야기들은 그가 기도에 얼마나 전념하였는가를 생생하게 보여준다. 뿐만 아니라, 그가 얼마나 순전한 마음으로 기도 응답을 확신하고 있는가, 그리고 참된 기도를 하려고 얼마나 치열하게 몸부림을 치고 있는가를 생생하게 보여준다. 그는 타고난 체질이 기도에 열중하는 것이 잘되는 사람이어서 그렇게 기도한 것이 아니었다. 기도에 열중하려고 몸부림을 침으로써 기도를 한 사람이었다. 그러므로 그는 "투쟁적으로 힘쓰지 않아가지고는 기도를 할 수 없다"고 단언한다.[8] "생사를 결단할 용단"을 내려야 기도할 수 있다고 말하기도 한다. 김명혁 교수의 증언대로 "정암은 기도를 쉽게 하신 분이 아니라, 수고스럽게 하신 분이었다".[9] 다음과 같은 일화들은 정암의 열정적인 기도 생활과 기도 응답의 체험들을 잘 말해주고 있다.

숭실전문학교 시절 나는 신앙운동에 열중하게 되었는데 특별히 기도운동에 몇몇 동지(이유택, 송영길, 김철훈, 박기환, 방지일, 김진홍)들과 함께 모란봉 뒤 숲속에서 기도하곤 하였다. 우리가 너무 일찍 일어나 모란봉으로 갔기 때문에 학생들은 우리를 가리켜 "조기부대"라고 별명을 붙였다. 그 때 나 개인으로 말하면 기도에 극히 열중했기 때문에 기도에 열중하면 병에서 물이 쏟아져 나오듯이 말이 끊임없이 나왔으며 또 그 말이 매우 힘이 있었다.[10]

∼

한 50여 년 전입니다마는(이 설교를 한 때는 1987년) 잊어버리지 않는 것은 숭전대학에 다닐 때 기도를 잘 못한 일이 많지마는 기도를 하려고 애를 많이 썼어요. 산에도 가고 또는 고요한 방에도 찾아가서 시간을 아까워하지 아니하고 기도하려는 그러한 마음이 아주 강했어요. 그 때에는 왜 그랬는지는 모르지만 무슨 일을 당하든지 기도하면 되지 하는 그런 마음 자세가 돼 있었습니다. 기도를 잘 못한 것이 많아요. 하지만 기도하면 되지 하는 그러한 생각에 막 지배를 받았습니다. 한 가지 예를 들자면 저는 고학생이었는데 영심환이란 약을 가지고 다니면서 팔기도 했어요. 그것이 뭐 일이 되지 않아서 학비 조달이 어려웠는데 Mr. 마우리라고 숭전대학의 학감인데 그 분이 하루는 나를 찾아요. 그래서 갔더니 좋은 일자리 하나를 줘요. 그것은 그 때에 서기산 밑에 있는 야나기야 철도호텔에 서양 손님들이 많이 오는데 그 직원들이 영어 회화를 배우고자 하니 네가 가서 가르쳐라 해요. 그래서 예 하고 그 직업을 내가 취하도록 되었어요. 그런데 한 번 가보니까 그 사람들이 나보다 영어를 더 잘해요. 왜 그런고 하니 난 책만 읽었지 뭐 회화를 해 보았습니까? 그분들은 매일같이 서양 손님들을 맞이하는 그런 직원들이었습니다. 그래서 큰 근심이 생겼어요. 그러나 해결은 있었어요. 기도하면 된다. 영어 가르치는 것을 기도로 해보려고 들어 붙었어요. 그래서 숭실대학교가 신양리에 있었는데 신양리 가까이 서문밖교회가 있습니다. 잠깐 걸어가면 가는 덴데 그 당회실에 밤중에 11시, 12시쯤 가서 몇 시간을 거기서 기도했습니다. 기도하고 그 일을 하는 겁니다. 그때 기도는 무슨 기도를 했는지 지금 모르지만 다른 거겠습니까? 이 일을 감당하게 해달라는 거지요. 그렇게 기도하고 간즉 망신은 안하고 그날그날 꽤 견뎌 배겼어요. 좌우간 계속 기도를 하면서 열심히 회화책을 읽고 가곤 했더니 점차 내가 퍽 앞서가지고서 그 사람들이 꼼짝 못하고 배우게 되었어요.[11]

~

제가 1941년에서 45년까지 만주에 있었는데 그때 제가 새벽마다 기도한 것은 그것이었어요. "제가 원하는 것이 있는데 하나님 아십니다. 하나님께서 이 기도를 들으시고 반드시 그때가 오면 나를 그 방면으로 사용해주시옵소서" 하고 기도했어요. 지금도 잊어버리지 않으니까, 그 기도가 따가웠던 것이 분명합니다. 한 4,5년 동안 그 기도를 했는데 해방되자 제가 부족하나마 부산에 내려가서 고려신학교에서 봉사하게 되었습니다. 제 한 평생에 있어서 고려신학 15년 동안의 교육이 바로 그 중점을 차지했다고 생각해도 과언이 아니겠습니다. 고려신학교에서 가르치면서 체험한 것들이 없지 않아 있습니다. 그것은 성경 말씀을 깊이 보게 되는 기회요, 주석을 집필하는 그런 기회입니다. 그 때의 그 깨달음이 주석을 내놓는 데에 대부분이 관계를 맺게된 것입니다. 부족하지만 제 나름대로의 깨닫게 하는 그 역사 그것이야말로 내 심령을 따갑게 하는 그런 역사였고 그야말로 내 어두움을 밝혀주는 그런 역사였기 때문에 그때의 그 사역에 있어서 제 나름대로 하나님께 가까워지는 그러한 체험을 적지 않게 했습니다.[12]

정암은 1979년 3월 소위 총신사태로 알려져 있는 혼란기에 총신대 대학원장으로 부임하였다. 김명혁 교수의 증언에 의하면 정암은 그렇게 총신에 부임한 후 매일 새벽 서울 도곡동 개나리 아파트에서 택시를 타고 총신 뒷산에 올라가 2-3시간씩 6개월 동안 기도하였다. 그리고 1980년 총신에 소요사태가 일어났을 때는 계엄령으로 기도회가 강제 중단될 때까지 5월 23일부터 3일 동안 총신대 강당에서 밤마다 특별기도회를 인도하였다. 어느 날은 점심과 저녁 식사도 하지 않은 채 자정이 넘도록 강단에 서서 기도회를 인도하기도 하였다.[13] 합신 교수로서 재직하면서 정암의 모습을 지켜보았던 이동주 교수는 정암이 세상을 떠난 다음 해에 신학정론에 기고한 정암 박윤선을 회고하는 글에서 다음과 같이 정암의 기도생활을 증언하고 있다.

그 후 여러 차례 느낀 마음의 부끄러움은 박 목사님의 기도 때문이었다. 매일 새벽 3시부터 아침 8시까지, 그리고 손님들과 헤어질 때

마다 기도하는 그 시간을 가장 값지게 여기시는 그 경건... 2박3일 간의 교수 세미나 때에 종일 그리고 홀로 부르짖으시던 그 모습에, 웃고 떠들던 나는 좀 철면피함을 느끼고 부끄러워했다. 합신 예배실에서도 철야하시며 학교와 교회와 나라를 위해 간구하시던 분. 우리는 모두 핑계와 나태함으로 기도는 하지 않고 기도를 해야 한다고 주장만 하고 있지 않은가?[14]

김명혁 교수는 정암이 세상을 떠나기 전 마지막 한 주간의 모습을 다음과 같이 증언한다.

박윤선 목사가 마지막 병상에 누워있던 1988년 6월 마지막 주간 나는 거의 매일 박윤선 목사를 곁에서 지켜보았는데 그 때야말로 기도로 일관한 기간이었다. 마치 성 어거스틴이 마지막 열흘간을 기도로 일관했던 것과 같았다. 그는 찾아오는 사람들을 위해서 일일이 기도해주었다. "여기 누워 있기보다는 산에 가서 기도하다가 죽고 싶다"고 말하기도 했다. 박윤선 목사는 "세상 사람들이 나에 대해서 오해하는 소위 '박 목사의 의'를 모두 지워달라"고 하나님께 호소하며 기도하다가 6월 30일 새벽 6시 3분 경, "주 예수여 내 영혼을 받으소서"라고 부르짖으며 주님의 품으로 가셨다. 박윤선 목사는 기도로 그의 생을 일관하시다가 기도로 그의 생을 마쳤다. '여주동행', '기도일관'은 그 분의 삶의 표어였고 그 분의 삶의 모습이었다.[15]

그는 마지막 순간까지 기도로 일관한 기도의 사람이었다. 그가 1986년에 있었던 교역자 수양회에서 행한 설교에서, "제일 중요한 시간에 할 일이 기도 아닙니까? 세상 뜰 무렵에 할 일이 무엇이냐고 물어 볼 때에 우리가 대답할 것은 기도입니다"라며 세상 떠나는 순간에 해야 할 것은 유언이 아니라 기도요, 하나님께 부탁하고 하나님을 찾는 이것이 시종일관 중요하니 만약 제일 중요한 일을 떠올려야 되는 순간이 온다면 그 순간에 이 기도가 생각나야만 한다고 강조했다. 그리고 그 자신이 그렇게 한 것이다.

정암은 자신이 기도에 온 힘을 쏟았다. 그리고 모든 신자들과 그의 목회자 제자들이 기도에 투신할 뿐 아니라, 기도로 일관하며 사는 사람들이 되기를 극도로 강조하고 또 도전하였다. 그가 세상을 떠난 후에 세월이 흐르며 그가 말년을 쏟아 부었던 합동신학대학원 안에는 "무덤파"라는 신조어가 유행하였다. 학생들의 기도생활의 한 모습으로 자연스럽게 형성되어 내려오는 전통을 두고 하는 말이었다. 학생들 가운데 기도에 열심인 몇몇 사람들이 그룹을 이루거나 혹은 개인들이 저녁이면 박윤선 목사의 묘소가 있는 본관 뒷산에 올라가서 부르짖으며 기도하곤 하였는데 그렇게 기도하는 사람들을 "무덤파"라고 부른 것이다. 박윤선 목사의 무덤에서 기도하는 사람들이라 하여 붙여진 이름이다. 나는 기도와 관련하여 정암 박윤선 목사와 평생 잊을 수 없는 사연

을 간직하고 있다.[16]

84년 12월 14일, 불광동에 있는 기독교 수양관이었다. 졸업을 일주일 앞둔 합동신학원 5회 졸업생들의 사은회가 그곳에서 있었다. 우리는 전 날인 13일 저녁에 모여서 박윤선 목사님을 모시고 졸업 전 마지막 수련회를 하였다. "예수를 팔아먹을 사람!" 그것이 박 목사님의 수련회 설교였다. 그리고 그 다음날인 14일에 아내들과 다른 교수님들이 그곳으로 오셔서 사은회를 가졌다. 사은회의 마지막 순서는 우리가 교수님들 앞을 일렬로 서서 지나가며 마지막 인사를 나누는 것이었다. 서 계시는 교수님들 앞을 지나가며 인사를 드리면, 교수님들은 손을 내밀어 악수를 하시면서 의례적인 권면이나 격려 혹은 축복의 말씀을 한 마디씩 해주셨다. 우리 제자들은 "예", "감사합니다" 등으로 답하며 교수님들 앞을 지나가는 방식이었다. 물론 나도 그 대열에 끼어 교수님들 앞을 지나갔다. 그런데 박윤선 목사님 앞에 이르렀을 때였다. 내 손을 잡으시면서 말씀하셨다. "기도를 많이 하시요!" 나는 의례적인 말씀으로 알고 대답하였다. "예" 그리고 지나가려하는데 교수님은 내 손을 놓지 않으셨다. 그리고 다시 말씀하셨다. "기도를 많이 하라구!" "예, 알겠습니다." 그리고 이제 가려는데, 교수님은 여전히 손을 놓지 않으시고 다시 말씀하셨다. "기도를 많이 해야 돼!" 나는 다시 대답하였다. "예" 그분은 그제서야 내 손을 놓아주셨다. 물 흐르듯 잘 흘러가던 학생들의 대열이 멈추어 서고 잠시 교통체증 현상이 일어났다. 나는 지금도 그 때 박 목사님의 그 음성과 그 어투를 그대로 흉내 낼 수 있을 만큼 확실히 기억하고 있다.

"기도를 많이 하시요!"
"예"
"기도를 많이 하라구!"
"예"
"기도를 많이 해야돼!"
"예"

오른 쪽 중간 쯤 테이블이 내 자리였다. 자리로 돌아온 나는 얼굴이 화끈거려 견딜 수가 없었다. 나와 헤어지는 마지막 자리에서 그 어른이 내게 그렇게 하신 이유는 둘 중 하나일 것 같았다. 지난 3년간 나를 보실 때 너무나 기도를 하지 않고 뺀들거리는 얄미운 전도사여서 걱정이 되어 마지막 헤어지기 전에 안타까움으로 그렇게 하셨을 가능성. 아니면, 너무 사랑스럽고 좋은 학생이어서 축복하는 심정으로 그러셨을 가능성. 그러나 테이블에 앉아서 아무리 생각하고 생각해도 첫 번째가 틀림없었다. "기도하지 않고 뺀들거리는 얄미운 전도사. 그냥 그대로 내보내는 것이 마음이 놓이지 않고 위태위태한 걱정거리 제자." 그것이었다. 화끈거리는 얼굴을 주체하지 못하면서 나는 그 자리에서 눈물로 결심을 했다. "어떤 일이 있어도 기도를 생명처럼 알고, 무엇보다도 기도를 많이 하는 목사가 되고야 말겠다!"

한 교회에서 5년 1개월의 부교역자 사역을 마치고 유학을 떠나려 하니, 교인들이 인사를 한다며 집으로 찾아오곤 하였다. 하루는 여 집사님 서너 분이 찾아와서 인사를 하고 가면서 우 집사님이 내게 말했다. "목사님을 오래오래 잊지 않고 기억할거예요." "저 같은 사람 무슨 기억할 만한 것이 있다고요?" 내가 물었다. "기도 많이 하는 목사님으로 기억할거예요." 나는 눈물이 핑 돌았다. 그 말이 너무나 감격이 되었다. 맺힌 한이 풀린 것 같이 마음이 통쾌하였다. 사실 나는 기도를 많이 하는 목사는 분명 아니었다. 그러나 교인들에게 인상이라도 그렇게 주었다는 것이 너무 기뻤다. 설사 우 집사님이 나를 기분좋게 해주려고 거짓말을 했다 하여도 나는 좋았다. 그 소리를 듣자 가장 먼저 박윤선 목사님 생각이 났다. 달려가서 알려드리고 싶었다. 나 교인에게 이런 말 들었다고! 그래서 목사님의 그 한 마디가 5년 후에 어떻게 되었는지 알려드리고 그 어른을 기쁘게 해드리고 싶었다. 그러나 박 목사님은 8개월 전에 세상을 떠나신 때였다.

박윤선 목사님은 나에게 목사는 기도를 많이 하는 사람이어야 된다는 신념을 갖게 하신 분이다. 나의 심장에 기도의 열정을 심어주신 선생님이다. 그리고 지금은 그것이 나의 후배들과 제자들을 향한 또 하나의 가르침이 되게 해주신 분이다. "나는 하늘에서 별을 따오는 재주가 있어도 기도하지 않는 사람은 신뢰하지 않고, 그런 사람과는 같이 일하지 않는다!" 내가 목회할 때 새벽기도 하기를 힘들어하는 부교역자들에게 가끔씩 했던 말이다. 나는 그것을 박윤선 선생님에게서 배웠다. 확언하건데, 기도 없이 하는 모든 신앙 활동은 결국 헛것이다.

기도에 대한 가르침

이미 밝힌 대로 정암은 자신이 평생 기도에 전념하는 기도의 삶을 살았을 뿐 아니라, 제자들이나 목회자들에게 그리고 신자들에게 기도를 극도로 강조하였다. 그의 기도에 대한 강조는 신학교의 운영과 신학 연구 작업에 대하여도 마찬가지였다. 그는 합동신학원의 원장으로 취임한 다음 해인 1981년에 한 언론사와 인터뷰를 하였다. 기자는 합신의 교육이념을 달성하기 위한 구체적인 방법이 무엇인지 물었다. 그는 단호하게, "기도를 정밀하게 하는 학교가 되도록 힘쓰겠다"고 대답하였다. 그리고 그 이유로, 학문이 귀하고 학문을 부지런히 탐구해야 하지만, 학문 일변도의 신학은 자유주의로 떨어지고 말기 때문이라고 한다.[17]

정암은 1985년에 있었던 동문 수련회 설교에서도 이론에만 치우친 신학교육의 폐단을 지적하면서 기도 없는 학문 활동을 깊이 우려한다. "신학교를 가르치는 사람들이 병이 날 정도로 몸을 끌고 다니면서라도 기도를 해야 하는데 그 기도를 하지 않고 이론주의에만 집착하기 때문에 신학교들이 타락하게 되고, 믿음을 가르치는 사람들이 딴소리를 하게 된다"고 단언한다.[18] 정암은 신학운동은 학문운동임과 동시에 기도운동이어야 한다고 주장한다. 기도 없는 연구 작업은 마침내 인본주위로 떨어지게 되며, 참된 기도로 뒷받침하는 신학 연구라야 경건의 능력을 소유한다고 주장한다.[19]

정암이 기도를 그렇게 중요하게 강조하는 것은 두 가지 이유 때문이다. 첫째는 기도의 당위성과 필연성에 대한 자기 자신의 신학적 확신 때문이다. 둘째는 그럼에도 불구하고 오늘 날 신자들이 기도를 하지 않는다는 현실 인식에서 오는 안타까움과 답답함 때문이다. 그는 기도해야 한다는 신학적 확신과 기도에 자기의 몸을 던지는 투신의 열정으로 평생 기도를 실천하였다. 자기 자신의 그러한 기도 실천과 경험이 그로 하여금 그렇게 단호하고 담대하게 기도를 강조하는 근거가 되고 있다. 그는 설교 가운데 자기 자신의 이야기를 하는 것을 매우 조심스러워하며 꺼리는 사람이다. 그런데도 자기의 기도 생활과 얽힌 일화들은 설교 가운데 자주 드러내어 진술하는 것도 이러한 맥락에서 이해할 수 있을 것이다. 정암의 기도에 대한 가르침을 몇 가지의 주제로 요약한다는 것은 어려운 일이다. 왜냐하면 그는 기도를 매우 다양한 관점에서 매우 광범위하게 다루고 있기 때문이다. 그러나 그의 기도에 대한 메시지들을 종합하여 볼 때, 다음과 같은 네 가지의 주제로 요약할 수 있다. 1) 기도는 항상 해야 된다. 2) 참된 기도를 해야 된다. 3) 기도는 반드시 응답된다. 4) 설교자는 기도로 설교에 불을 붙여야 한다. 정암은 평생 목회자 후보생들과 목회자들을 교육하는 일에 헌신하였다. 그러므로 그는 설교에 대하여 자주 가르쳤는데, 그는 누구보다도 설교에 있어서 기도의 중요성을 강조하였다. 그러므로 정암의 기도론에서 기도와 설교의 관계에 대한 가르침을 무시할 수 없다.

기도! 다시 생각해보기

1. 정암 박윤선 목사의 기도 생활을 보면서 느끼는 점은 무엇입니까?

2. 우리 자신의 기도 생활에 대하여 주는 도전은 무엇입니까?

첫째, 투쟁적으로 힘쓰는 기도
둘째, 평소에 하는 기도
셋째, 오래 하는 기도/규칙적으로 하는 기도
넷째, 응급 기도
다섯째, 특별기도
여섯째, 극복해야 할 기도의 장애물들

CHAPTER 2

항상 기도하라

정암이 가장 자주 그리고 가장 강하게 강조하는 것은 "기도를 하라"는 것이다. 그는 설교 가운데 "신자들이 기도를 하지 않는다"고 자주 언급한다. 그는 강의 중에, "기도하지 않는 자는 그 얼굴도 보기 싫다"고 말한 적이 있다. 또한 설교 가운데, "하나님은 매어달려 기도하는 사람을 기뻐하신다"는 말을 자주 한다. 그러나 때로는 그 말을 바꾸어 "하나님은 기도하지 않는 신자를 미워하신다"고 하면서 기도 할 것을 도전한다.[20] 그는 엘리야는 우리와 성정이 같은 사람이었는데 기도하여 비가 오지 않게도 하고 기도하여 비가 오게도 하였다는 약 5:17의 말씀을 인용하면서 그것은 엘리야가 강한 자였다는 말이 아니라, 우리처럼 약한 사람이었는데도 그렇게 기도하였다는 말씀이라고 강조한다. 그러면서 우리가 기도하지 않는 것은 우리의 생을 자포자기하는 죄라고 지적하기도 한다.[21] 그는 한 걸음 더 나아가, 우리가 기도를 하지 않으면 하나님을 섬기지 않는 자가 되는 것이라고 단정한다.[22] 우리가 신자로서 할 가장 중요한 일은 기도를 하는 것이며, 그것도 항상 기도해야 된다는 것이 그의 기도론의 가상 숭묘한 액심수세이다. 그의 가르침을 종합해 볼 때, 항상 기도한다는 것은 구체적으로는 다음과 같은 6가지의 기도생활을 의미한다.

첫째, 투쟁적으로 힘쓰는 기도

정암은 기도는 저절로 되는 것이 아니라 힘써야만 할 수 있다는 사실을 끊임없이 강조한다. 기도는 힘써야만 할 수 있다는 것은 그의 기도론의 핵심 축 가운데 하나이다. 그는 기도를 힘쓰지 않고는 도저히 기도가 안된다고 단언한다. 그러므로 우리가 기도를 하기 위해서는 의지적으로 힘써야 된다는 것을 극도로 강조한다. 기도하기 위하여 힘을 써야 한다는 사실을 강조하기 위하여 그가 사용하는 특유의 여러 표현들이 있다. "생사 결단의 기도", "자기를 던져 넣는 투신의 기도", "피나는 기도", "투쟁적으로 힘쓰는 기도", "죽기내기로 하는 기도", "전심기도", "전력기도", "마음이 타는 기도", "따가움이 있는 기도" 등이 그것이다. 이러한 표현들은 기도를 강조하는 그의 설교에서 흔히 들을 수 있는 말들이다. 그는 그렇게 힘써서 하지 않는 기도를 가리켜 "에누리 기도" 혹은 "껍데기 기도"라고 비판하기도 한다. 정암은 우리가 세상을 떠나는 순간에도 해야 될 것은 유언이 아니라, 기도라고 말할 만큼 기도를 강조한다. 또한 그는 신자들 가운데 특별히 힘을 써서 기도하는 것은 목회자들이나 할 수 있는 일이지 평신도가 할 일은 아니라고 생각하는 것을 아주 잘못된 비진리라고 경계한다.

어떤 사람들은 말하기를, 기도를 힘쓰는 것은 목사급의 사람들이 할 일이지 우리 보통 신자들 혹은 목사직을 갖지 아니하고 하나님 나라를 위해서 일하는 일꾼들이야 그렇게 기도를 힘쓸 필요가 있나 하는 생각을 하나봅니다. 그러나 그것은 아주 잘못된 생각입니다. ..... 그런고로 목사만이 기도를 힘쓸 그 위치에 있다는 것은 비진리입니다.[23]

그런데 우리가 이제 명심할 것은 우리는 죽기 내기를 하면서 기도하여서 나 자신이 그리스도의 말씀 속에 녹아져야 된다, 그리스도 안에서 내가 산다, 이렇게 돼야 되겠고, 주님을 내가 모시고 있다, 이렇게 느낄 수 있도록 우리가 심각하게 기도 속에 다가가야합니다. 기도를 하지 못하고 어떻게 나 자신을 이깁니까? 기도를 하지 못하고 어떻게 계속 은혜 가운데 감격스러운 마음을 가지고서 주님의 일을 할 수 있습니까? 다 안되는 일이예요. 학문가지고 할 수가 없어요. 우리가 학문을 배울 필요는 있지만 그것은 도구에 지나지 못하고 영력을 받아야만 이것이 나의 삶이고 이것이 나의 일을 이루는 힘이 되는거지요. 나 자신을 이기며 남들을 삶으로 인도하는 그러한 힘이 되는거지, 우리가 지적으로만 해가지고는 도저히 안됩니다. 우리 지적으로 되지 않아요. 그러나 우리의 심장이 뜨거워지는, 우리 가슴이 따가워지는, 주님이 내게 와서 나와 함께 해 주시는 이것을 내가 느끼면서 내가 분명히 알면서 그와 함께 동하며 그와 함께 정하며 이러한 삶에서 우리들이 나가야만 유익을 줄 수 있지요. 다른 것은 도저히 안되는 것 이예요. 칼빈도 기도에 대해서 말하기를 성령이 이끌 때에 기도해야 된다는 것은 옳은 말이 아니라고 그랬어요. 성령이 이끌어 줄 때에 기도를 하라 하는 그건 틀린 말이라고 그랬어요. 냉랭하지만, 성령이 나와 함께 하시지 않는 것 같다 하는 그러한 생각이 날 정도이지만, 기도를 하라는 거예요. 기도를 할 때에 하나님께서 은혜를 주어서 된다고 하는 이 놀라운 개혁주의 기도관을 우리가 볼 수 있습니다. 개혁주의 개혁주의 하면서 머리만 비판적으로 발달하고 가슴에 뜨거움이 없고 눈물이 없는 그러한 인격으로서는 교회에 짐짝이나 됩니다. 교회에 유익을 못주고 도리어 문제 거리만 되는 것이예요.[24]

~

그날그날 내 맡은바 책임을 잘 감당하며 거기에서 빛을 발휘하고 참으로 하나님 마음에 드는 이러한 사람이 되는 것만이 우리의 소원입니다. 이런 작업에 있어서 제일 중요한 것이 기도라고 생각합니다. 매일 매일 기도를 참되이 해야 되겠는데 우리의 허영심 때문에 되어지지 않고, 진실치 못해서 되어지지 않고, 오히려 초신자만 못해지고, 기도하는 가운데도 외식이 많고, 하나님께 상달될 만한 아무런 무엇이 없는 이러한 기도를 하는 위치에서 허송세월하지 않나 하는 생각을 하게 됩니다. 힘써 해야 됩니다. 기도를 항상 힘쓰라고 했으니, 몇 날 동안만 힘쓰는 것이 아니라 항상 힘쓰라고 했으니, 우리가 이 말을 받을 때 마음에 기쁨이 있어야 되겠습니다. 기도를 어떻게 항상 힘쓸 수 있겠는가? 참 무거운 짐이라. 우리가 그렇게 생각할 것이 아니고, 우리가 아직 거기 못 들어갔지만 거기 들어가서 살아야 참 사는거로구나 하는 이 생각을 가지고 마음에 기쁨을 가져야 되는 줄로 생각을 합니다. 사람이 기도하기가 어려우니까 기도를 힘써야 된다고 생각을 합니다. 기도하기 어렵다는 것은 우리가 상식으로 잘 아는 것이고 체험으로도 잘 알고 있으니 이것은 불분명한 어떠한 관념적인 말은 아닙니다.[25]

~

히 12:4에 보면 피 흘리기까지 죄를 대적하라는 말씀이 있는데 그야말로 피 흘리기까지 기도할 수 있는 그 기도를 우리가 생각해 볼 수 없겠는지요. 과연 피나는 기도를 해야 돼요. 우리는 하나님 앞에 참된 기도를 하므로 하나님이 역사한다는 것을 믿습니다. 여리고 성에는 손도 안대고 하나님께서 무너뜨리셨습니다. 나라가 강하다고 반드시 서는 것은 아니고, 역사에 나타난 대로 모든 강국들이 망한 시기는 바로 강한 그때입니다. 강한 그때에 교만하면, 교만했으니까 하나님께서 쳐서 거꾸러뜨렸더라 그 말 이예요. 강한 것을 두려워 할 것이 아니라 기도가 무섭다는 것을 알아야 됩니다.[26]

～

기도하는 것도 역시 한 번 생사를 결단해야 되겠는데 생사 결단할 용의가 전혀 없고 그저 에누리 기도해요. 에누리 기도, 기도라는 것은 이렇게 쓰는 겁니까? 그렇게 무효하게 또 효과가 날 수 없는 얕은 수준에서 그저 껍데기 수작으로 하는 겁니까? 그야말로 천지의 주재이신 하나님을 만나는 가장 성스럽고 엄숙한 일을 할 때에 그렇게 천단하고 껍데기 수작이요, 몸을 던져 넣지 아니하며, 정신을 투자하지 아니하며, 그저 이렇게 소홀하게 지나가서는 안되는 것 아니겠습니까? 투신을 하여야 합니다.[27]

～

기도를 한번 하려고 간다 하면 생명 걸어놓고 들어가요. 젊어서 이것 못하면 언제 합니까. 기도의 불도가니에 들어가서 녹아나야지, 녹아나지 않으면 혈기가 그대로 있고, 세상 사랑하는 마음이 그대로 있어 가지고서 그저 뭐 혈육으로 주의 일 해보겠다, 앞으로 안되겠나, 앞으로 되지 첫 숟갈에 배부른가, 뭐 그저 세월을 보내다 보면 되지 않겠나, 나도 되지, 이렇게 스스로 위로를 받고 세월 보내면 됩니까?[28]

～

제일 중요한 시간에 할 일이 기도 아닙니까? 세상 뜰 무렵에 할 일이 무엇이냐? 물어볼 때에 우리 대답할 것은 기도입니다. 아니 기도야? 유언이 아니고? 내 앞에 모여 앉은 그 자식들이 앞으로 어떻게 해야 될 것을 일러주는 것이 중요하지 않나? 그런 생각을 할지는 모르라두요. 제일 중요한 것이 기도라고 저는 생각을 해요. 하나님께 부탁하고 하나님을 찾는 것 이것이 시종일관 중요하니 제일 중요한 일 가운데 이 기도가 생각나야만 되겠습니다.[29]

성령으로 기도하도록 우리가 힘써야 되겠습니다. 죽기 내기로 우리가 힘을 써야 되겠습니다. 눈물 흘리면서 울면서 기도를 해야 할 것입니다. 하나님 나 이거 왜 이렇습니까? 이 꼴이 도무지 내가 스스로 보기에도 이것은 가증스럽습니다. 기도를 한다 하지만 하나님이 들으실 만한 기도라고는 내 양심도 인정이 안되요. 하나님 나 이러다 죽겠습니다 하면서 참 가슴 아프게 여기면서 우리가 울 수 있어야 안하겠습니까?[30]

기도를 힘써야 삽니다. 암 5:4-6절에 같은 말이 나왔어요. 여호와를 찾으라 그리하면 살리라. 여호와를 찾으라. 즉 기도하라는 말씀이예요. 그리하면 살리라. 본문에 "기도에 항상 힘쓰며"라고 했는데, 우리를 살려주는 기도를 항상 힘쓰라 그 말이예요. 맥 놓으면 안된다 그 말이지요. 항상 힘쓰라. 항상 힘써야 게으름을 이깁니다. 우리가 기도를 왜 못합니까? 게을러서 못합니다. 하기 싫어서 안합니다. 하겠다 하겠다 하면서도 안합니다. 그 속에는 하기 싫은 성질이 있어요. 그렇게 부패했습니다. 렘 17:9이 말한 거와 같습니다. 만물

보다 거짓되고 심히 부패한 것이 마음이라. 우리 속이 그렇게 썩어져서 하나님께 기도하는 것을 싫어해요. 게을러요. 잠 26:14에 보면 문짝이 돌쩌기를 따라서 도는 것같이 게으른 자는 침상에서 구느니라. 문짝이 돌쩌기를 따라서 도는 것같이 어제도 그렇게 돌고 오늘도 그렇게 돌고 하루 종일 그렇게 돌고 영구히 그렇게 돈다 그 말이에요. 게으른 자는 침상에서 구느니라. 게을러서 힘을 안 써요. 기도를 안 해요. 육신의 일을 게을리 하는 사람도 있지만, 영혼의 일을 게을리 하는 것은 너무 많습니다. 항상 힘써야 이걸 이긴단 말이요. 뿐만 아니라 항상 힘써야 분주함을 이깁니다. 사람이 너무 분주해서 기도를 못합니다. 사업을 하느라고 기도를 못해요. 사업이 원수가 아니라, 그 사람 자신이 원수예요. 자기 성질이 원수가 된거죠. 사업이 분주하지만 할 일은 해야죠. 사업보다 중요한 일이 기도인데, 더 중요한 일을 착실히 해야지요. 좌우간 더 중요한 일을 착실히 하면서 사업을 해야지, 사업 때문에 분주해서 기도 못하는 것은 하나님을 업신여기는 죄까지 범하는 거예요.[31]

둘째,
평소에 하는 기도

정암은 평생 기도를 힘써야 할 것을 강조한다. 즉 평소에 늘 기도할 것을 강조한 것이다. 평생토록 평소에 기도해야 된다는 것을 강조하기 위해서 그는 평소에 기도하지 않다가 어려운 일을 당했을 때에야 그 어려움 때문에 기도하는 것은, 그 동기가 거룩하신 하나님을 써먹으려는 기도가 되어 허사가 되기 쉽다고 경고한다. 그러므로 정암은 평안할 때 특별히 기도를 해야 되며, 평안하므로 기도하지 않으면 망한다고 강조한다. 그는 또한 어려운 일이 닥치면 자연히 기도하게 될 것이라는 생각은 논리적으로나 경험적으로 보아도 사실이 아니라고 소리를 높인다. 어려운 일이 닥치면 우선 그 어려움을 어떻게 해서든지 피해보려고 수단을 강구하는 일에 집중하게 되므로 기도하지 못한다. 또는 낙심하여 절망에 빠지게 되므로 기도를 안하게 된다. 그러므로 그는 평소기도를 강조한다. 평소에 꾸준히 그리고 끊임없이 기도하던 사람이라야 갑자기 어려운 일이 닥쳤을 때도 기도할 수 있다는 것이다. 또 어려운 일이 닥쳐서 기도하기가 어려운 상황에서도 기도를 해본 경험이 쌓인 사람이라야 평소에도 여전히 기도를 할 수 있다는 것이다. 어떤 사람들은 평생 기도를 하며 사는 것을 놓고 평생 기도의 십자가를 지고 산다고 힘들어하기도 한다. 그러나 신자가 평소에 기도하는 사람으로 평생을 산다는 것은 부담이나 올무가 아니다. 십자가는 더더욱 아니다. 그것은 큰 복이다.

평생 기도하는 이것이 얼마나 복입니까? 하루 한 시간 지켜서 기도해도 큰 복인데, 평생 기도하는 사람 되었으니 얼마나 복 받았느냐 말이요. 평생 기도하니 평안할 때에도 기도합니다. 그저 많은 사람들이 평안할 때 기도 안 해요. 뭐 다 있는데 무엇 때문에 기도해요? 뭐 없는 것 있어야 기도를 하겠는데 다 있고 풍성한데 무슨 기도를 해요. 그렇게 되면 그 사람은 망합니다. 평안할 때에 기도해야 됩니다.[32]

∽

기도를 힘쓰지 아니하고는 도저히 기도가 안 돼요. 또 사람이 평안해지면 쾌락에 기울어져요. 그래서 기도를 안합니다. 그러기 때문에 평안한 시절에도 역시 힘써야 기도가 되는 것이에요. 환난 때에는 낙심이 나서 기도를 또 못합니다. 그러니까 힘쓰지 아니하고는 기도할 방법이 없는 것입니다. 규칙적으로 기도해야 기도가 되는 것이니 힘쓰지 않을 수가 없어요.[33]

∽

평소에 늘 기도하면서 준비하고 있다가 어려운 일이 있을 때 더 기도해야 되겠는데, 평소에 기도를 안 하던 사람이 어려운 일을 당할 때에 그 어려움 때문에 기도하니 그 기도의 동기가 거룩하신 하나님을 써 먹으려는 그러한 의도로 나타나니 그런 정도의 기도는 대부분 허사가 되기 쉬워요. 우리는 평생 기도를 힘쓰며 육신을 제쳐 놓고, 이건 아무래도 죽을건데 내가 여기 종살이 하겠냐? 하는 이런 굳은 결심을 가지고 기도에 기도를 하고 또 기도를 하며 쌓아 나오는 가운데 어려운 일을 당해서 더욱 더 기도할 때 그것은 하나님이 기뻐하시는 일이고, 과연 기도도 참되이 되는 줄로 생각을 합니다. 뿐만이 아니라 우리가 육신의 편리를 위주하다가 기도를 못해요. 뭐 그만한 편리를 내가 봐야 되겠다, 이렇게 편리를 도모하고 저렇게 편리를 도모하느라고 육신은 조금이라도 괴로움을 당할세라 하고 육신 제일주의로 나아가다가는 기도를 못하고 하나님에게서 멀어지는 것입니다.[34]

~

어려운 일을 당하면 저절로 기도가 나간다고 말하는 사람도 있습니다. 그렇지만 흔히는 그런 때에도 주님에게 매달리기보다는 나 자신에게 매달려서 나 자신의 어떠한 지혜와 내 자신의 어떠한 수단으로 그 역경을 면해보려고 하고, 그 역경에서 내가 쉬운 길을 얻어 보려고 하는 사고방식이 지배적이란 말예요. 그런 역경을 당해서 기도하는 사람도 있기는 하지만 그런 기도가 참된 기도로 인정받을 수 있겠는가가 또 문제입니다. 보통으로는 기도 안하던 사람이 어려움을 당해서 주여 하고 기도할 때, 우리 인간이 하나님처럼 남의 기도를 판단은 못하겠으나, 그렇게 하는 그 기도가 하나의 사고 방지를 위한 일시적 수단으로서의 기도가 아닌가 이렇게 생각될 때에 그것은 욕심의 기도라고 생각할 점이 있습니다…. 그런고로 역경이란 것은 우리에게 언제나 기도할 마음을 가져다 주는 것은 아니고, 우리로 하여금 쉽사리 우리 자신의 어떠한 힘이나 어떠한 방법으로 구원을 얻고자 하는 그런 데로 쏠리기 쉬우니까, 우리 신자들은 힘쓰지 아니하면 기도를 못해요. 그럼 어떻게 힘씁니까? 평소에 늘 기도를 하면서 살아가야지요. 평소에 늘 기도하면서 참된 기도자로서 살아가다가 역경을 당할 때 더 매달려서 기도하는 그것이 성경의 말씀에 맞는 신앙의 태도라고 생각합니다.[35)]

정암은 자기 자신이 평소기도를 실천하기 위하여 어떻게 애를 썼는지, 자신의 경험을 털어놓기도 한다.

어떤 때는 하루 종일 들판에 나가서 기도하기도 했습니다. 하루 종일 기도하는데 논둑에 앉아서 기도하고, 또 어떤 때는 들판에 조그마한 나무가 있어서 또 거기에 앉아서 기도하기도 하고, 또 좀 다른 데로 또 가서 기도하기도 하고, 왔다 갔다 하면서 기도하기도 했습니다. 더운 날인데 아무래도 앉을 만한 자리가 있어야 되겠고, 여러

가지로 문제가 있어서 이렇게 왔다 갔다 하면서 이 자리 저 자리에
서 기도하곤 했어요. 뭐 크게 이로운 것은 없지만 인간의 상정이예
요. 이것 뭐 그만둘 수도 없고, 아무래도 해야 되겠는데 이거 큰 문
제란 말이예요. 그러니까 죽을 판 살 판 애를 썼어요.[36]

또한 신자들이 새벽기도를 하는 것을 평소기도의 좋은 기회로
여기고 이것을 귀하게 여긴다. 그러므로 목회자들에게 신자들이
평소 기도를 실천할 수 있도록 새벽 기도회에 설교를 길게 하지
말라고 권면한다. 새벽기도회에서 목회자들은 신자들이 기도를
할 수 있도록 시간을 할애해야 한다고 강조한다.

새벽기도회 하는 이 풍속이 우리나라 고유의 풍속인데 얼마나 귀
합니까? 우리는 이것을 잘 지켜나가야 됩니다. 교우들이 모인 것은
기도하기 위함이요. 집에서는 살림살이 하느라고 눈코 뜰 짬이 없
었는데, 마음이 계속 시달리던 그 장소를 한번 떠나 가지고서 교회
에 와서 남들이 기도하는 바람에 나도 좀 기도의 힘을 얻으려고 찾
아 온 것인데, 아 기도 할 시간은 주지 아니하고 설교만 해대니 안
돼요. 설교가 그렇게 흔한 것 아니예요. 우리 교우들은 그러한 설교
를 기대하지도 말 것이고, 또 교역자들은 설교를 그렇게 많이 할려
고 해서도 안되겠지요. 주일날 설교 감당해 나가는 것도 너무 어려
운 일인데, 또 새벽마다 이것을 또 짜내는 것은 그 일이 불가능한 일

이고 그렇게 해서는 안됩니다. 기도할 기회를 줘야 돼요. 우리 한국 교회 이 새벽기도가 그렇게 좋은데, 새벽기도를 모여서도 역시 설교를 길게 해 놓으니 교우들이 기도할 짬이 없어요. 주간에 뭐 어느 산에도 갈 틈도 없었고, 여기 와서 기도할려고 하는데 기도하도록 돕는 그것이 새벽기도의 본래의 취지입니다. 특별히 젊은 교역자님들 설교할 때 새벽기도 간단하게 한 5분 동안이든지, 성경 말씀 그저 한곳 보고 그 말씀 기억하도록만 그저 조금 말씀하고 기도해야 돼요. 간청하는 기도를 해야 되는데 언제 하겠습니까?[37]

셋째,
오래 하는 기도/
규칙적으로 하는 기도

정암은 시간을 투자하여 기도할 것을 강조한다. 그는 시간을 투자하여 하는 기도를 "밤낮 부르짖는 기도"라고 한다. 정암이 시간을 투자하는 기도라고 할 때, 그는 두 가지 기도 방식을 염두에 두고 있다. 오래 하는 기도와 규칙적으로 하는 기도이다. 오래 하는 기도는 기도시간을 길게 하는 기도를 말한다. 규칙적으로 하는 기도는 일정한 주기에 맞추어 반복적으로 하는 기도를 말한다. 그는 시간을 투자하여 오래하는 기도, 그리고 규칙적으로 하는 기도가 귀하고 중요하다고 강조한다.

정암이 이렇게 시간을 투자하여 오래 하는 기도, 그리고 규칙적으로 하는 기도를 강조하는 것은 말을 오래 그리고 많이 하여 기도의 공력을 쌓아야 한다는 의미가 물론 아니다. 그것은 예수님께서 책망하신 이방인의 중언부언 하는 기도이다. 그들은 말을 많이 하여 공을 쌓아야 기도가 응답된다는 생각으로 말을 많이 한다. 예수님이 책망하신 이방인의 기도는 말을 많이 하는 것 자체가 기도의 목적이다.

정암이 시간을 투자하여 오래 하는 기도를 강조하는 데는 이유가 있다. 그는 사람이 기도하려고 앉았다고 하여 곧바로 기도가 열리는 것이 아니라는 사실을 잘 알고 있다. 그는 기도가 잘되지 않을 때에도 곧바로 일어서지 않고 시간을 투자하며 기도를 애쓰다 보면 어느 시점에 드디어 기도가 열리기 시작한다는 사실을 자신의 경험을 통하여 알고 있다. 그러므로 정암은 우리가 오래 기도하는 동안에 점차 진실된 기도의 경지에 들어갈 기회를 얻게 되기도 한다고 역설한다. 주님의 말씀대로 항상 기도하려고 한다면 기도를 오래 해야 한다. 그리고 기도를 한두 번의 특별 행사가 아니라, 규칙적으로 지속해야 한다. 결국 항상 하는 기도생활을 위해서는 많은 시간을 기도에 투자해야만 하는 것이다. 이것은 쉬운 일이 아니다. 그러므로 정암은 "시간을 딱 바쳐야 한다"고 말한다. 그리고 "힘 써야 된다"고 말한다. 항상 하는 기도는 힘쓰지 않고는 되지 않는 것이다.

기도를 밤낮 해야 되겠어요. 기도를 많이 해야 돼요. 오랫동안 해야 그 가운데 참된 것이 있습니다. 좋지 못한 땅에 경작을 하려면 많이 경작해야 조금 곡식을 거둡니다. 우리는 좋지 못한 땅이예요.

쉽게 참된 그 세계에 접촉이 잘 안되거든요. 하나님은 참이신 분이십니다. 따라서 그 분은 헛된 것과 관계 안해요. 헛된 것을 동정하며 헛된 것과 융통한다면 하나님 자신이 진실치 못한 거죠. 과연 많이 기도하고 시간을 많이 바쳐서 기도하는 중에 제 정신이 돌아와 가지고 그래도 기도다운 기도를 하는 그 순간이 오는 거예요. 그러기 때문에 밤낮 부르짖어야 돼요. 밤낮 부르짖는다는 것은 직장도 그만두고 기도만 하고 앉아 있으라는 말은 아니예요. 그러나 직장도 그만두고 기도했으면 좋겠다 하는 마음은 있어야 돼요. 규칙을 지켜서 기도할 때 그것이 밤낮 기도하는 거예요. 밤에도 규칙 지켜서 기도하고 낮에도 규칙 지켜서 기도할 때에 그것이 밤에도 기도하고 낮에도 기도한 것이라 그 말입니다. 사람이 무슨 일을 하든지 규칙을 지킨다는 것이 그 일이 일되게 하는 방법입니다.…. 규칙적으로 성의 있게 내 자신을 하나님께 밀어 맡기면서 기도해야 되지 않습니까? 시간을 지킨다는 것이 중요합니다. 또 장소를 지킨다는 것도 중요해요.[38]

모든 시간은 기도를 위하여 있다는 말이 참입니다. 예수님은 말씀하시기를 항상 기도하고 낙심하지 말라 하셨습니다. 모든 시간은 기도하기 위하여 주어진 시간이라고 판정내려야 되겠습니다. …. 모든 시간은 기도하기 위한 기회라고 우리는 알고 느껴야 될 것이올시다. 기도의 시간을 바치는 것이 이렇게 중요한데 우리 신자들도 기도를 위하여 시간 바치는 분량이 너무 적습니다. 기도를 거의 안 합니다... 천하보다 귀한 일이 기도하는 일인데 신자들이 제일 등한히 하는 것이 기도요, 겉날림으로 하는 것이 기도가 아닌가 이렇게 생각하게 됩니다. ... 우리로서는 어떻게 기도를 해야 오랫동안 기도할 수 있습니까? 오랫동안 기도해야 될 것으로 성경이 말하는데, 항상 기도하라고 했으니까 오랫동안 기도를 안 할 수가 없습니다... 저는 기도를 많이 못하는 사람인데 오늘까지 살아오는 가운데 몇 번 그런 일이 있었습니다. 기도하고 나니까 일어설 수가 없어요. 기도를 하느라고 했는데 기도한 것 같지가 않아요. 몇 가지를 가지고 기도했었는데, 그래서 다시 이번에는 꿇어앉아서 그 기도를 한 적이 있어요... 원컨대 사랑하는 여러분. 아마 여기 계신 분들 가운데 저와 같이 나이 많은 사람은 아마 없는 것 아닌가 생각해요. 많은 분들이 참 힘 있게 기도할 연령들입니다.[39]

∽

첫째로는 시간을 딱 바쳐야 됩니다. 우리가 기도할 때 시간을 바치고 기도하는 때가 있습니다. 어느 때 시간을 안 바치고 기도하는가 하면 '얼른 기도하고 가겠다'는 마음으로 하는 때입니다. 그런 때에는 기도하는 말 자체에도 정신이 집중되지 않습니다. 정신이 집중되지 않고, 논리가 맞지 않고, 그 말 자체에 타성이 있습니다. 다시 말하면 게으름이 있습니다. 하기 싫고 속히 하고 가겠다는 생각이 있기 때문입니다. 그러므로 기도할 때 먼저 할 것은 시간을 정말 바쳤느냐 안 바쳤느냐 하는 이것이 명확해야 됩니다. 한 시간 동안이면 한 시간 동안, 30분이면 30분, 심지어 10분이면 10분, 딱 잘라서 꼭 그 시간에는 기도만 하기로 마음이 지금 정해졌느냐 하는 것이 중요하다는 말입니다.[40]

규칙적으로 기도해야 기도하는 것이니 힘쓰지 않을 수가 없어요. 우리가 규칙 생활을 하려면 힘써야 됩니다. 규칙적으로 하지 아니하고 이럭저럭주의로 나가는 것은 하는 것도 아니에요. 결국 그것은 마구잡이고 그것은 허투로 마투로입니다. 그것은 하는 게 아니에요. 무슨 일이나 마구잡이로 하는 것은 일이 아니에요. 규칙적으로 힘써나가는 이것이 진정한 일이고, 이것이 과연 기도에 있어서도 바람직한 기도입니다.[41]

넷째, 응급 기도

정암은 우리가 항상 하는 기도 혹은 밤낮 하는 기도와 관련하여 응급 기도를 제안한다. 응급 기도는 다급한 상황이 발생하였을 때 하나님 앞에 나아가서 아뢰는 기도를 말한다. 그는 평소에 기도하지 않다가 다급한 상황이 발생했을 때에만 하나님의 도움을 받아 자신의 어려움에서 벗어나려고 하는 기도는 하나님을 써먹으려는 잘못된 기도로 갈 위험이 있다는 것을 지적하면서 이러한 형태의 응급기도에 대하여 경고한다. 그리고 실제에 있어서 너무나 급박하고 큰 문제에 부딪히게 되면 그 문제에 놀라거나 짓눌려서 사실은 염려와 걱정에만 사로잡히게 될 뿐 기도가 되지 않아서 기도하기는 더 어려워지고 그래서 실상은 기도를 못하게 되는 경우가 많다는 것을 지적한다. 그러므로 평소에 기도를 힘써서 해오다가 어려운 상황에 직면했을 때에 응급적인 기도를 드려야 된다는 것이 정암의 주장이다. 그러나 응급기도를 제대로 할 때 그 기도가 주는 유익을 두 가지로 강조한다. 첫째는 환난을 당하여 비로소 주님을 부르면서 진정으로 겸손해지고, 또 앞으로 계속하여 기도 생활을 하면서 하나님 앞에 나아갈 것을 작정하는 기회를 삼을 수도 있다는 것이다. 그리고 그것을 하나님께서 불쌍히 여기셔서 그를 돌아보시는 은혜를 입게 된다는 것이다. 둘째는 응급 기도는 상황이 다급하여 하나님께 도움을 간청하는 기도여서 말의 표현을 잘하려는 노력 같은 것이 없이 그저 안타까움으로 매달리는 것이므로 외식이 없는 진정한 기도를 드릴 수 있다는 것이다.

환난 때에 기도해야 됩니다. 다시 말하면 응급적인 기도를 할 줄 알아야 돼요. 응급적인 기도. 그것은 조금 심리가 좋지 않은 것 같습니다. 어려운 일 당하니 주여! 한단 말이요. 일리가 있습니다. 그저 다른 때 늘 기도 안하다가 딱 어려워지니까 주여! 그럴 때에 하나님이 좋지 않게 볼 수도 있어요. 어떻게 심리가 그런가? 그러면 하나님을 어려운 때 써먹는 거예요? 하나님이 그렇게 생각할 만도 하지요. 하지만 우리가 어떤 이유인지는 몰라도 어려운 때 보통으로는 혹 기도 못하다가도 어려운 때 주여! 하고서 정말 겸손히 낮아지고 이제부터라도 사람이 될 것이 분명하고, 이제부터라도 기도를 계속 할 것이 분명할 때에 하나님께서 그 사람을 불쌍히 여기시지요. 요놈 뭐 주여 하지만 내일은 안 그럴 놈이야 그따위 놈들은 안 돌아봐요. 응급적 기도가 장점도 있습니다. 위급하니까 외식을 섞지를 못해요. 평안할 때에 기도할 때는 외식을 많이 섞습니다. 형식을 많이 섞습니다. 기도에도 역시 기도하는 가운데도 역시 너무 평안히 해요. 그러나 위급한 때에 기도할 때 뭐 어느 한가에 외식하느냐 말이요. 형식이 어디 있어요? 그야말로 적나라하게 주님을 대면해서 하지요.[42)]

다섯째, 특별기도

응급기도와 동시에 정암은 항상 하는 기도 혹은 밤낮 하는 기도의 한 방편으로 특별 기도의 가치와 필요성을 강조한다. 특별 기도란 특별한 날, 특별한 시간, 혹은 특별한 장소나 특별한 기도의 방식을 정하여 시행하는 집중 기도를 말한다. 정암은 그것이 주님의 기도생활이었다고 주장한다. 그러므로 주님을 본받아서 산중에 가서 기도하며, 들에 가서 기도하며, 특별한 장소에 가서 매달리는 이러한 기도가 있어야 항상 하는 기도, 밤낮 하는 기도가 가능하게 된다고 한다. 정암은 실제로 자신이 그렇게 미리 작정을 하고 어느 장소를 정하거나, 어느 특정한 시간을 정하여 기도 생활을 했음을 스스로 밝히기도 한다. 정암은 마치 운동을 집중적으로 하여 체력을 길러놓으면 평소에도 그 체력의 도움으로 잘 지내게 되는 유익이 있는 것처럼 특별기도를 통하여 한 번에 집중적으로 기도를 해놓으면 일상의 신앙생활에서도 그렇게 기도한 것의 힘으로 살아가는 유익을 얻는다면서 자신의 경우를 들어 특별기도를 강조하기도 한다.

평안할 때는 특별 기도를 해야 돼요. ... 이것은 시간을 내야 됩니다. 한 사흘이든지 시간을 내고 산에 가든지 들에 가든지 어디 가서 앉을 데가 있으면 거기 가서 금식하면서 기도하든지 혹은 먹으면서 기도하든지 기도해야 됩니다. 이것이 특별기도예요. 사업도 귀하지만 사업도 조금 놔두고 기도해야 살겠다 그 말이예요. 평안만 하면 타락해요. ... 평안하면 평안해서 타락하고, 괴로우면 괴로워서 타락하니, 평안할 때도 기도해야 되고, 괴로울 때도 기도해야 된단 말이예요. 평안할 때에 특별 기도를 해야 된다 그 말이예요. 특별기도를 해서 멸망하지 않아야 되겠습니다. 평안한 것이 위험해요.[43]

∾

특별 기도를 하는 그것이 있어야 항상 기도가 되어 지고 밤낮 기도가 되어지는 거예요. 특별 기도라는 것은 한 달에 한 번이라든지 일주일에 한 번이라든지 혹은 두 달 만에 한번이든지 산중이나 한적한 곳에 찾아가서 몇 날 금식하면서 기도하든지, 혹은 금식은 안하더라도 거기 가서 자기 자신을 검토하면서 간절한 마음으로 기도하는 그것이 특별기도예요. 추운 겨울날 방안을 따뜻하게 하려면 불을 많이 때야 되지요. 지금은 난방장치라는 것이 기계적으로 되어 갑니다만 우리가 전 날에는 산에서 나무를 가져다가 아궁이에 불을 땝니다. 온돌에 불을 많이 때 놓으면 방이 따뜻해 가시고 낮 닐 통안 따뜻해요. 그와 같이 특별 기도를 언제든지 우리가 잊지 말고 해야 됩니다. 우리 자신들이 살기 위해서. 특별기도는, 이것 온돌에 불을 한몫 많이 땐 것과 같구나 그렇게 생각한 적이 있습니다. 그렇게 한 번 기도를 많이 집중적으로 한다면 오랫동안 그 힘이 있습니다. 그 힘으로 기도가 이제 말한 대로 탄원의 기도도 되고 응급의 기도도 돼요. 그러니까 항상 기도, 밤낮 기도, 이것이 가능한 겁니다.[44]

여섯째, 극복해야 할 기도의 장애물들

정암은 우리가 "항상 하는 기도 생활"을 유지하는 데 결정적인 장애가 되는 것들이 있음을 강조한다. 그리고 이러한 장애물들을 극복하기 위하여 힘쓰고 투쟁하며 기도를 유지해야 한다고 강조한다. 사람이 평안해지면 쾌락에 기울어져서 기도를 하지 않는다. 환난 때에는 낙심이 나서 기도를 또 못한다. 그러니 기도를 힘쓰지 않고는 기도할 방법이 없다. 계속해서 기도하는 그것이 귀하다. 이것이 기도에 대한 정암의 일관된 태도이다.[45] "기도에 힘쓰고 깨어 있으라"는 설교에서는 아래 인용한 바와 같이 이러한 장애물을 길게 다루면서 특별히 세 가지를 우리의 기도 생활의 장애물로 지적하는데, 첫째는 향락이나 쾌락을 누리고자 하는 마음이고, 둘째는 우리에게 닥쳐오는 역경이요, 세째는 사상적 반동이 그것이다.[46]

첫째로는 향락이나 쾌락을 누릴 마음이 늘 우리를 주장하기 때문에 기도를 못하게 되는 겁니다... 얼마나 쾌락이라는 것이 무섭습니까? 우리에게 제일 귀한 일이라고 할 수 있는 하나님께 나아가게 하는 기도를 막는 것이예요. 인생 한평생이 길지 못하고 그 중에 청년 시기가 또 길지 못한데 이 청년의 시기를 쾌락이나 생각하고 평안이나 생각하며 그것을 따라 다니다가 이 청춘을 다 보내고 나이 많아 가지고는 할래야 할 수도 없어지는 이러한 실패의 인생이 되어야 하겠습니까?.... 쾌락, 쾌락, 육신이 좋아하는 이것들은 너무나도 우리를 둘러싸고 있으며, 우리의 마음속에까지 그것이 전쟁을 펴고 있는 그러한 사실을 우리는 너무나도 잘 알고 있습니다. 인생에게 이것이 제일입니까? 이 쾌락과 안일이 인생의 전부입니까? 이것이 과연 우리가 무엇이든지 다 버리고라도 찾아나가야 할 그러한 목표이겠습니까? 결단코 아니지요. 우리는 다행하게도 주님께서 사랑해서 주님의 일을 해보겠다 하는 결심 하에서 성경을 알아보기를 원하고, 신앙생활을 의식적으로 해보기를 원하며, 체험적으로 해보기를 원하는 따가운 마음이 있어가지고 모이는 줄 아는데 우리는 이 기도를 방해하는 쾌락주의, 이 안일주의를 외면하시 않아가시고는 기도를 못하는 것입니다.

~

둘째는 역경을 당할 때에 기도하기 어렵습니다. 힘쓰지 아니하면 도저히 기도가 되지 않는다고 생각을 해요. 어려운 일을 당하면 저절로 기도가 나간다고 말하는 사람도 있습니다. 그렇지만 흔히는 그런 때에도 주님에게 매달리기보다는 나 자신에게 매달려서 나 자신의 어떠한 지혜와 내 자신의 어떠한 수단으로 그 역경을 면해 보려고 하고 그 역경에서 내가 쉬운 길을 얻어 보려고 하는 사고방식이 지배적이란 말예요. ... 그런고로 역경이란 것은 우리에게 언제나 기도할 마음을 가져다주는 것은 아니고, 우리로 하여금 쉽사리 우리 자신의 어떠한 힘이나 어떠한 방법으로 구원을 얻고자 하는 그런 데로 쏠리기 쉬우니까 우리 신자들은 힘쓰지 아니하면 기도를 못해요.

∽

세째는 사람이 사상적 반동으로 기도를 안하는 것도 있습니다. 사람은 참 이상해요. 좋은 일인데도 거기 반동적으로 또 비뚜러지는 일이 있습니다. 기도 많이 하는 사람들을 볼 때에 나도 기도 많이 해야되겠다 이렇게 나와야 되는데, 그렇게 되지 않고 비뚜러진다 말예요. 뭐 그래야만 되나 난 다른 방법이 있다 이런 식으로 생각을 잘못 가져요. 사람의 마음을 관할하기가 그렇게 어렵습니다.

그러나 다른 곳에서는 하나님을 대적하는 육신의 편리를 위주로 하는 우리의 육신의 생각, 기도하면 하나님의 능력으로 일이 된다는 믿음이 없어서 기도하기를 싫어하는 심리, 그리고 평안한 환경이 우리의 기도를 못하게 하는 장애물이라고 지적하기도 한다. 그는 평안을 잃고라도 기도하게 되는 것이 평안을 누리고 기도생활을 잃는 것보다 낫다고 할 정도로 계속적인 기도생활을 중요하고 가치 있게 여긴다. 그러므로 그는 계속적인 기도생활을 위해서는 차라리 평안을 가져가고 고난을 달라고 기도할 만 하다고 말한다. 그는 소위 "강청하는 기도"는 이 못된 육신이 기도하기 싫어하는 그것을 전투적으로 누르며 죽이며 치는 노력이라고 강조한다.

기도는 어렵습니다. 하기 어렵습니다. 왜 그런고 하니 우리에게 붙어 있는 육의 생각이 이 기도를 그렇게 방해를 해요. 이 기도를 못하도록 공작을 합니다. 그러기 때문에 투쟁적으로 힘쓰지 않아가지고는 이건 못합니다. 투쟁적으로 하기는 어려우니 난 못하겠다 그럴 수는 없어요. 여기 죽느냐 사느냐의 문제가 달렸는데 내가 투쟁을 안한다는 말인가? 앉아서 죽을 판인데, 평안한 자리에서 내가 죽을 판이냐? 밥을 먹으면서 죽을 판이야? 대접을 받으면서 죽을 판이야? 내가 왜 앉아서 죽어, 싸우다 죽지. 기도를 못하게 하는 이 육으로 더불어 계속 전쟁하면서 싸워나가면서 기도를 유시해야시, 그렇지 않으면 우리는 망하는 것입니다.[47]

~

우리의 육이 하나님을 대적한다는 것은 특별히 기도를 늘 못하게 하는 그 심리입니다. 남들이 기도하지 말라고 해서 우리가 기도하지 않는 것이 아니라, 내 자신 속에 기도를 막는 그 못된 것이 있어서 기도를 못하게 되는 거예요. 육에 속한 성질이 무엇이요? 로마서 8장 7절에 있는 대로, "육신의 생각은 하나님과 원수가 되나니 이는 하나님의 법에 굴복치 않을 뿐 아니라 할 수도 없음이라". 하나님의 법에 도무지 통해지지 아니하는 못된 것이 우리 속에 있단 말이에요. 기도하기 싫어하는 그 독한 소질이 우리 속에 도사리고 있어요. 어느 틈에라도 핑계하며 기도 안하려고 해요.[48]

∽

우리가 육신의 편리를 위주 하다가 기도를 못해요. 뭐 그만한 편리를 내가 봐야 되겠다. 이렇게 편리를 도모하고 저렇게 편리를 도모하느라고. 육신은 조금이라도 괴로움을 당할세라 육신 제일주의로 나아가다가는 기도를 못하고 하나님에게서 멀어지는 것입니다.[49]

∽

왜 기도를 하지 않는가? 하나님의 능력으로 된다는 것을 믿지 않는 심리 때문입니다. 기도보다 인간의 노력을 보람되게 느끼는 그 마음 자세에서 그렇게 됩니다. 목사들이 왜 기도를 안 합니까? 기도를 하기 싫어하는 그 심리 때문이지요.[50]

기도! 다시 생각해보기

1. "항상 하는 기도"란 구체적으로 어떻게 기도하는 것을 말합니까?

2. 당신이 "항상 하는 기도"를 하는데 가장 큰 장애물은 무엇입니까?

3. 당신이 항상 기도하는 신자로 살기 위하여 한가지를 결심한다면 그것은 무엇입니까?

첫째, 영적인 기도- 하나님 중심의 기도
둘째, 진실한 기도- 사욕이 없는 기도
셋째, 모든 사람을 위한 기도
넷째, 전심기도- 인격적 헌신의 기도
다섯째, 혼자 하는 기도- 외식 하지 않는 기도
여섯째, 강청하는 기도- 파렴치한 기도
일곱째, 음성으로 하는 기도- 분명하고 구체적인 기도

3
CHAPTER

참된 기도를 하라

정암은 응답받는 기도를 위해서는 참된 기도 혹은 진실된 기도를 해야 된다는 것을 힘주어 강조한다. 그는 응답받는 기도의 조건을 "진실된 기도", "참된 기도", "법대로 하는 기도", "기도다운 기도", "영적인 기도", "하나님이 들으실만한 기도" 등등 여러 가지 표현을 사용하여 제시한다. 그가 참된 기도라고 여기면서 강조하는 기도의 유형 혹은 조건들은 다음과 같다.

첫째, 영적인 기도 - 하나님 중심의 기도

정암은 기도는 무엇보다도 하나님을 상대로 한 것이며, 하나님의 일과 관련을 맺는 것임을 강조한다. 그것을 그는 영적인 기도라고 한다. 다시 말하면 영적인 기도란 하나님 중심의 기도이다. 그는 바리세인의 기도에 대한 예수님의 평가를 주제로 한 설교에서 바리세인의 기도는 하나님과는 관계없는 윤리의 우상화, 금식의 우상화, 십일조의 우상화, 사람들(여론)의 우상화, 자기 자신의 우상화의 기도였다고 한다. 그리고 그것은 가짜 경건이요, 참된 기도가 아니라고 평가한다. 반면에 세리의 기도는 자기 자신의 의에 대하여는 철저하게 자기부정을 하고, 하나님께 대하여는 불붙는 서원을 가진 기도라고 평가한다.[51]

참된 기도는 영적인 기도입니다. 우리 육신이 잘되기를 위해서 기도할 수 있습니다. 그렇지만 그것이 주가 되면 안되는 줄로 생각합니다. 성경이 말하는 인생관은 우리의 몸보다 하나님의 성령과의 관계점에서 무엇이 잘되가는 걸 원하시지요. 우리의 존재가 성령과의 관계에서, 즉 하나님을 영화롭게 하며 하나님을 사랑하며 하나님을 섬기는 일과 관련된 그 점에서 하나님께서 중점적으로 보시는 것입니다. 그런고로 우리 육신 관계로 되어진 기도들이 많다 하더라도, 그것이 하나님과의 관련성에 있어서 영적인 중요점이 무엇인지 그것을 하나님께서는 보시기를 원해요. 그런고로 우리 육신을 위해서 기도를 많이 했다 하더라도 그 가운데 하나님이 경청하실 만한 기도가 몇 개가 되느냐 그 문제입니다. 하나님은 우리의 기도를 응답하실 때에 영적으로 하십니다[52].

둘째, 진실한 기도- 사욕이 없는 기도

정암이 참된 기도의 구체적인 모습으로 강조하는 것은 진실한 기도이다. 그는 기도에 진실한 자가 되기를 간구한다. 그가 말하는 진실한 기도란 무엇보다도 허영으로 하지 않는 기도이다. 그러므로 그는 허영으로 하지 않는 진실한 기도가 참된 기도를 하는데 있어서 매우 귀하다는 것을 강조한다. 그는 허영심으로 사느니 차라리 생명을 거두어가기를 기도한다. 하나님 앞에 기도할 때 그 마음에 진실이 있게 해주실 것을 기도한다. 그에게 있어서 진실한 기도란 또한 사리사욕이 없는 기도를 말한다. 그는 남을 위한 기도가 잘 응답되는 이유 가운데 하나도 그것이 사리사욕이 없는 기도이기 때문이라고 말한다. 그는 이러한 기도가 선한 기도라고 말한다. 그는 다른 사람들을 위하여 하는 기도의 중요성을 설교하는 가운데 약 4:2-3의 "얻지 못함은 구하지 아니함이요 구하여도 받지 못함은 정욕으로 쓰려고 잘못 구함이라"는 말씀을 인용하면서 사욕으로 구하는 기도의 잘못을 설명한다. 구하여도 받지 못하는 기도가 있는데, 그 이유는 잘못 구하기 때문이다. 그 기도가 잘 못된 것은 정욕으로 구하는 기도이기 때문이다. 이 말씀에서 "정욕"이란 사욕을 말하는 것이며, 사욕은 자기만 아는 욕심이요, 자기만 좋게 하려는 것이다. 그러한 욕구로 하는 기도이기 때문에 그것은 잘못 구하는 기도요, 진실하지 못한 기도이다. 그것은 참된 기도가 아니다. 그러므로 그 기도는 응답을 받지 못하는 것이다.[53]

나 밖에 모르는 사람은 늘 괴롭습니다. 나 밖에 모르는 사람은 늘 얼굴을 찡그리고 삽니다. 나 밖에 모르는 사람은 그야말로 늘 지옥으로 향하는 걸음을 걷습니다. 나 밖에 모르는 사람은 죄 밖에 지을 것이 없어요. 한 평생을 잘못 하는 거예요.[54]

셋째,
모든 사람을 위한 기도

정암은 우리의 기도가 목표하는 것은 무수한 사람들을 위한 것이라고 말할 정도로 다른 모든 사람들을 위하여 기도하는 것을 참된 기도의 하나로 강조한다. 정암은 물론 자기 자신을 위한 기도의 중요성을 강조한다. 그러므로 어떤 사람들이 자기 자신을 위하여 기도하는 것은 이기주의적이고 개인주의적이므로 그런 기도는 하지 않고 다른 사람을 위해서만 기도하겠다는 입장을 취하는 것을 강하게 비판한다. 그것은 자신도 하나님의 은혜를 받아야만 살 수 있다는 것을 부인하는 교만이고, 성경을 모르는 것이라고 비판한다. 그리고 시편의 다윗의 기도는 거의 전부가 자기를 위한 기도라는 것을 강조한다.[55] 그러나 동시에 그는 자기 밖에 모르는 개인주의적이고 자기중심적인 태도에 머무는 것에 대하여도 강한 비판을 가한다. 언제든지 기도 할 때에 직접 혹은 간접으로 나만 생각하는 것은 무엇인가 고장이 있는 것이라고 그는 단언한다. 그는 다른 사람, 모든 사람을 위한 기도로 나아가는 기도라야 하나님이 기뻐하시고 또한 응답하시는 참된 기도라고 반복적으로 강조한다. 그는 모든 사람을 위한 기도는 하나님을 천하 만민의 구주로 인정하는 기도이며, 그것은 선한 기도라고 말한다. 결국 우리는 나 자신이 하나님의 은혜가 필요한 사람이라는 겸손으로 나 자신을 위하여 기도해야 한다. 동시에 다른 사람들을 위한 기도에도 열심을 내어야 한다. 이 두 기도가 균형을 이루어야 하는 것이다.

또 어떤 사람은 말하기를, 나는 나를 위해서는 기도를 안한다 하는 그러한 말을 해요. 나를 위해서 기도한다는 것은 개인주의적이고 이기주의적인 색채가 있으니 그걸 나는 안 하겠다. 내가 기도할 때에 남들을 위해서는 기도를 하겠습니다 하는 그러한 말을 들은 적도 있어요. 그것도 잘못입니다. 왜 그런고 하니 남들만이 하나님의 자녀가 아니고 나도 하나님의 자녀니 나도 하나님의 은혜를 받아야만 되는 것입니다. 나는 하나님의 은혜를 안 받고도 된다는 이런 교만이 그런 주장에는 끼어 있는 거예요. ... 성경을 보면 기도를 많이 하는 신자들이 얼마나 자기를 위해서 기도를 합니까? 시편을 읽어보면 다윗이 기도하는 기도 거의 전부가 자기를 위하여 하는 기도입니다. 자기를 위해서 기도한다는 것은 겸손입니다. 나는 되었다. 나는 입이 고상해서 남들을 위한 말은 하겠지만 나를 위한 말은 안 하겠다 하는 것은 좀 고상해보이는 것 같은데 사실은 그런 것이 아닙니다. 진리를 모르는 것입니다. 나는 죄인이니 하나님이 불쌍히 여겨야 살 수 있고 불쌍히 여겨야 기도도 할 수 있고 불쌍히 여겨야 무슨 일을 할 수 있고 불쌍히 여겨야 된다. 나는 죄인이니 하나님의 은혜가 임하지 아니하면 나는 망한다 하는 그 생각을 가질 때에 그것이 진리입니다.[56]

~

또한 우리는 남들을 위해서 기도하는데 얼마나 시간을 써야 됩니까? 우리의 기도가 하나님 보시기에 합당한 수준에 오르지 못하는 그 원인이 어디 있습니까? 남들을 위한 기도에 너무 부족해요. 다른 사람 사랑하기를 내 몸같이 하라고 한 것이 주님의 말씀이고 성경인데, 기도하는데 있어서 언제든지 내 문제만 펴놓고 언제든지 나하나 육신적으로도 잘되고 영혼으로도 잘되도록 생각하고 거기에만 뜨거워져서 기도한다고 할 적에 그 기도도 반쪽 기도죠. "너희가 얻지 못함은 기도하지 않음이요 기도하여도 얻지 못함은 정욕으로 쓰려고 잘못 기도함이라"고 말씀했는데 정욕으로 쓴다는 것 무엇입니까? 욕심으로 쓰려고 즉 나 자신 중심으로 내게 필요한 것, 나와 관련된 일에만 집중하는 이것이 욕심이라 그 말이예요. 정욕으로 쓰려고 잘못 구하는 이런 일이 우리에게서 없어지려고 하면 우리는 아주 냉철하게 우리 자신을 위해서 기도하는 동시에, 남들을 위해서 그만큼 시간 내고, 남들을 위해서 또 그만큼 뜨겁게 기도해야만 이것이 하나님 앞에서 합당하다고 생각합니다. 사실상 우리가 남들을 위해서 기도하는데 있어서 너무 부족하고, 너무 하지 않으니까 이것이 기도 하나마나한 실정이 아닌가? 이렇게 생각돼요. 우리가 과감하게 남들을 위해서 뜨겁게 기도하고 땀 흘리면서 기도하는 시간을 많이 잡아서 기도하는 이 방향으로 한번 나아가 볼 때에 우리 기도생활은 달라질 것이고, 하나님께서 그렇게 기도하는 기도를 귀히 여기시고 어떤 면으로든지 은혜를 주실 것이라고 저는 믿습니다.⁵⁷⁾

~

참된 기도는 대부분이 자아 중심의 기도가 아니고 **남들을 위한 기도**입니다. 우리가 백번 기도했다고 하더라도 자기를 중심해서 기도한다면 거의 그 모든 기도가 응답되지 않을지 모릅니다. 참으로 하나님께서 기뻐하시는 기도는 개인주의 이기주의를 떠나서 하나님의 영광을 위하여 다른 사람들을 위해서 기도할 때에 그것이 참 기도다운 기도가 되는 줄 생각을 해요.⁵⁸⁾

~

딤전 2:1에 말하기를, "그러므로 내가 첫째로 권하노니 모든 사람을 위하여 간구하라 간구와 기도와 도고와 감사를 하되"라고 말씀했으니까 모든 사람들을 위해서 기도하는거죠. 그리고 여기 1절 끝에 "하되"라고 했지만 "하고"라고 뜻을 풀이할 때 더 명백해지는 줄 압니다. 모든 사람을 위해서 기도하고, 또 임금들과 높은 지위에 있는 모든 사람을 위하여 하라는 조목이 있습니다. 모든 사람을 위한 기도 제목이 있고, 또 임금들과 높은 지위에 있는 모든 사람들 두 조목으로 되어 있습니다. 롬 3:29이 "하나님은 유대인의 하나님만이 아니라 이방인의 하나님도 된다" 말씀했습니다. ..... 우리의 기도가 목표한 것이 이렇게 무수한 사람들을 위한 목표입니다.[59]

~

하나님께서 그 독생자를 보내신 목적이 어느 나라 사람이든지 어느 민족이든지 하나님의 백성이 거기 있는 줄 알아서 그 하나님의 백성을 다 구원하려고 이렇게 목적하셨는데 기도하는 나 자신은 너무 빈약하게 기도하더라 그말이예요. 너무 빈약해요. 다른 민족에 대한 그 애착심이 너무 없고 다른 민족이 구원받아야 되겠다는 그 정성의 움직임이 전연 없고 이렇게 마비된 그 심령과 같이 되어졌을 때에 주님께서 얼마나 답답하시겠습니까?[60]

~

모든 사람을 위하여 기도하는 것은 하나님이 구주이심을 알아드리는 기도입니다. 우리는 혹시 잘못 생각하기를 나 한 사람만을 위한 구주인 줄로 생각하는 것 같아요. 말해보라고 하면 그렇게는 말 안 하겠죠. 천하 만민을 위한 구주입니다. 그렇게 말 할 겁니다. 하지만 그 행동은 자기만 위한 구주인 듯이 잘못 생각하는 것 같아요. 왜 그런고 하니 다른 사람들을 위한 기도가 그렇게 게으르고 다른 사람들을 위한 하나님의 역사를 알아드리지 않는 것 같은 그러한 마음 자세가 나타나더란 말이예요. 하나님은 자기를 알아드리는 것을 기뻐합니다.[61]

넷째, 전심기도 - 인격적 헌신의 기도

정암은 전심하여 기도하는 것을 참된 기도의 중요한 요건으로 여긴다. 그가 전심기도라는 말로 강조하고자 하는 것은 기도의 대상인 하나님께 모든 것을 드리고 맡기고 의지하는 것이다. 정암에게 있어서 전심기도는 곧 인격적 헌신의 기도와 동일한 개념이다. 그러므로 그는 전심기도와 정신집중 기도를 분명하게 구별하여 강조한다. 전심기도는 자기 자신의 감정이나 생각이나 혹은 어떤 상태에 집중하여 몰아지경에 이르고 그리하여 그러한 상태에서 무슨 신비한 체험을 하려는 그런 기도가 아니라고 분명히 못박는다. 그러므로 그는 전심기도란 정신집중이 아니라 인격헌신 기도라는 사실을 거듭 힘주어 강조한다.

전심하는 기도입니다. 사람이 찾아와도 만나줄 수 없다, 또 어느 다른 방면에서 무슨 해결이 있다 해도 난 그것 듣지도 않는다. 이제 히스기야가 생각하는 것은 하나님 한 분에게만 나는 매달린다. 하나님 한분에게만 나는 향한다. 이것은 정신 집중을 의미하는 것 아니고요, 인격의 봉헌으로서, 인격을 드려 바치는 것으로 단일성의 힘을 가집니다. 하나님께서는 우리의 정신 집중을 불가결의 요소로, 없어서는 안될 요소로 생각하시는 것은 아닙니다. 물론 정신 집중이라는 것도 유익합니다. 하지만 정신집중 거기에 머무는 것은 안 되지요. 이것은 인격의 집중, 인격이 오직 하나님에게만 바침이 되는 것을 원하고, 전 인격이 주와 관계를 맺어서 주님에게 매어달리는 식으로 전 인격을 하나님 장중에 드려 바치며 혹은 하나님에게 전 인격으로 매달리는 이것이 전심의 기도입니다.[62)]

∾

기도에 전력하는 겁니다. 전력기도. 기도를 전적으로 힘쓴다. 그렇게 힘을 쓴다는 것이 귀해요. 힘을 쓰되 힘을 얼마만큼만 쓰고, 얼마는 놔두는 것이 아니죠. 전력입니다. 태권도 하는 사람들이 주먹을 가지고 벽돌을 깨요. 그것은 힘을 써서 되는 거예요. 사람들이 힘을 쓰지만 힘을 아직 다 못쓰기 때문에 그것 못하죠. 주먹을 가지고 벽돌을 깨는 그런 사람들은 힘을 다하는 것이 무엇인지를 아는 사람들이예요. 그 사람들은 정신력을 총동원하고 자기에게 있는 힘이란 힘은 다 동원하고, 또 자기들의 그 힘과 관련된 외부의 모든 조건들도 이용해 가지고 이제 쏟아 부으니까 벽돌 같은 것도 깨지고 황소등도 부러져요. ... 전력하는 것입니다. 그러나 기도에 전력한다 할 적에 그런 것과는 반대입니다. 기도라는 것은 내 힘과 내 의와 나의 장기와 나에게 있는 모든 것을 쏟아 붓는 것이 아니라, 팽

개치는 거예요. 다시 말하면, 나 자신을 포기하는 겁니다. 기도란 내 것으로 하나님을 모셔 올 수가 없어요. 우리는 내 것이라는 내 것을 포기해야 되요.[63]

다섯째, 혼자 하는 기도 - 외식 하지 않는 기도

정암은 "혼자 하는 기도"를 참된 기도의 한 형태로 강조한다. 이것은 다른 사람과 함께 하지 않는 기도를 말하는 것이 아니다. 다른 사람에게 보이기 위하여 하는 기도가 아닌 기도를 말한다. 즉 외식하지 않는 기도를 말하는 것이다. 하나님 앞에 기도한다는 명분을 가지고 사실은 사람을 상대로 기도하는 외식에 빠질 위험이 누구에게나 있음을 의식하고 혼자서 하는 기도를 힘써야 할 것을 강조한다. 결국 정암이 말하는 "혼자서 하는 기도"는 첫째는 기도하는 마음이 사람을 의식하지 않고 하나님을 의식하며 하는 기도요, 둘째는 육체적으로도 실제로 다른 사람들이 모여 있지 않은 한적한 곳을 찾아가서 혼자 하나님께 기도를 하는 공간적, 상황적 혼자 기도를 말한다.

혼자만 알 수 있도록 기도하는 그 기도야말로 귀한 기도라고 생각이 됩니다. 사람은 별 수가 없기 때문에 목사가 되어 가지고도 자타를 물론하고 외식하게 되는 시험을 받아요. 특별히 젊으신 분들이 더합니다. 혼자서 기도하는 훈련이 없고, 한적한 자리에서 기도해서 재미 보는 경력이 없기 때문에, 강단에 나서서 대중을 상대로 기도하는 것을 위주하므로 젊었을 때에 외식하기 쉬운 것입니다. 하나님 앞에 기도한다고 하면서 사실은 하나님께 기도하는 것이 아니라 사람에게 기도를 하고 있습니다. 얼마나 얼마나 사람 상대로 말을 꾸미며, 사람 상대로 그들이 한번 흐뭇해지게 하려고 하는 그런 계획은 없을까요? 입으로는 주님 주님 하면서 걸핏 잘못하면 제일 외식을 많이 하는 사람이 목사이기 쉽습니다. 젊어서 목사 되어 가지고서 강단에 서기 시작하는 때부터 조심해야 될 것입니다. 조심해도 별 수가 없을 수도 있습니다. 왜 그런고 하니 자기 혼자만 알 수 있는 기도에 들어가지 아니하면 별 수가 없다 그 말이예요. 자기 혼자만 아는 기도 이것이 그렇게 귀한데 이 기도를 너무도 등한히 하고 있지는 않습니까?[64]

~

교역자들은 무엇보다도 회중 앞에서 하지 못할 말을 할 수 있는 자리가 있어야 돼요. 회중 앞에서 해야 할 말을 안하는 일도 있지만, 회중 앞에서 아첨하는 일도 본의 아니게 하게 되지 않나 생각됩니다. 그 성스러운 기도를 하는데 아첨하는 것으로 바꾸고, 그 성스러운 기도를 하는데 자기 나름대로의 형편에 따라서 말을 표현하게 되는 그런 일이 있다면 이 얼마나 서툴고 잘못된 기도입니까? 그런 고로 젊으신 분들은 강단을 지키는 것도 귀하지만, 겸하여 혼자서만 들을 수 있는 이 기도의 자리를 찾아야 되는 것입니다. 보이지 않는 분에게 말하는 연습을 해야 됩니다. 보이지 않는 분에게 그야말로 눈물도 흘리면서 말할 수 있도록 연단을 받아야 되겠습니다. 그 보이지 않는 분을 상대해 가지고 말할 수 있게 하신 이 놀라운 계시 종교, 이 놀라운 하나님의 구원 역사에 우리가 참여 했다는 것이 얼마나 귀합니까? 썩어질 것 보이는 것만 알던 내가 보이지 아니하고 영광 가운데 계신 그분을 상대로 내가 말할 수 있는 이것은 참으로 무엇을 주고 바꿀 수 없는 거예요. 은밀한 데서 보시는 분을 섬기게 된 것이 얼마나 행복합니까? 고요히 나 혼자만 들을 수 있는, 기도할 수 있는 그 자리, 깊은 산중에 들어가서 기도할 수 있다는 것은 얼마나 귀한 기회입니까? 한적한 들에 나아가서 자기 혼자 하나님 앞에 부르짖는 그 행복이 얼마나 귀합니까? 이 자리를 귀하게 아는 그 교역자가 반드시 주님이 쓰는 교역자가 됩니다.[65]

여섯째,
강청하는 기도- 파렴치한 기도

정암은 "강청하는 기도"로 잘 알려져 있는 눅 11:5-8을 본문으로 "응답되는 기도"라는 제목으로 설교하면서, "철면피적인 기도"라는 말로 밤중에 찾아온 친구의 간구를 정의한다. 그리고 어떠한 악조건이 있다고 해도 문제 삼지 않고 그냥 밀고 나가는 기도가 그것이라고 강조한다. 그리고 이것이 피조물인 인간이 하나님 앞에서 취해야 할 마땅한 태도이며, 하나님도 이것을 기뻐하신다고 강조한다. 같은 본문으로 행한 다른 설교에서는, 하나님께서는 사람 보기에는 무례하다 할 만큼 고집스럽게 기도하는 것을 기뻐하신다고 단언한다. 하나님은 우리에게 육이라는 것이 있어서 하나님을 대적하는 심리가 계속 작용하고 있는 것을 보시기 때문에 우리가 무례하다 할 만큼 기도하는 것을 기뻐하신다고 주장한다.[66]

이 강청하는 기도가 무엇인가? 영어로 번역한 것은 염치없이 부끄러운 줄 모르고 지속한다, 계속한다, 하는 뜻인데 그것이 올바른 번

역이올시다. 파렴치하게 지속한다. 여기 본문을 보면 참으로 파렴치한 지속이예요. 파렴치라는 것은 악조건을 무릅쓰고 그 어떠한 난관이 와도 굴하지 않고 지속하는 것입니다.

...

어떠한 악조건이 있다고 해도 문제시 하지 아니하고 막 그냥 기도로 밀고 나가는 거라. 얼마나 많은 사람들이 기도하는데 있어서 그렇게 조건을 따집니까? 지금 어려운 때가 오면은 아이구! 이런 것은 기도가 안되겠다. 합리적으로 따지고, 환경적으로 따지고, 또는 기도 응답이 지연되기 때문에 낙심하고, 이 모양 저 모양으로 파렴치적으로 얼굴을 지끗 안하고 밀고 나가는 이것을 못하더라 그말입니다. ...

~

이렇게 하나님 앞에 철면피적으로 가서 막 달라고 들이대야 되는데, 이것 안하거든요. 너무 경우를 따지고, 그저 겉으로만 돌고, 하는 체만 하니 이것 되겠어요? 자는데 가서 문을 탕탕 두드리고, 그저 내라 내라 하는 식이라. 우리가 이 신앙이 있어야 되겠습니다. 이것이 철면피적인 기도라고 할 수 있습니다. 하나님은 무한히 거룩하시고 심판자이시며 그는 영광 중에 계시는데 죄 중에 깊이 물들어 있는 이 피조물 한 개가 와 가지고서 뭐 이런 소원, 저런 소원을 진술하면서 달라고 하는데, 더군다나 이와 같은 기도자는 너무도 강하게 두드려대니까 이것은 참 뻔뻔스럽다 그 말 이예요. 내가 무엇입니까? 이건 피조물로서 죄로 인하여 죽을 수 밖에 없는 존재인데 나가서 기도를 이렇게 아주 힘 있게 해요. 그러나 우리가 기억해야 될 것은 하나님은 이런 기도를 사랑합니다. 왜 그런고 하니 인생들이 너무도 어두워졌고 하나님을 너무 멀리 했습니다. 신자들조차도 너무 기도를 안합니다. 하나님을 찾지를 않습니다. 너무도 인본주의가 되어버렸습니다. 하나님을 볼 줄을 모릅니다. 그러니만큼 하나님이 소원하는 것은, 무엇을 해서라도 사람들이 내 문을 와서 두드리는 것을 원한다 그 말 이예요. 이 인생들이 나를 찾아오는 것을 원하시는 거예요. 무엇을 해서라도. .... 하지만은 그보다 더 하나님께서 기뻐하시는 것이 있는데 그것은 다른 것이 아니라 강청의 기도라 그 말 이예요.[67]

일곱째, 음성으로 하는 기도 - 분명하고 구체적인 기도

정암은 음성으로 기도하는 것을 중요하게 여긴다. 그는 소리를 내어 음성으로 기도하는 것은 기도하는 사람 자신을 위해서 필요하다고 여긴다. 그는 음성으로 기도한다는 것은, 하나님을 상대할 때 그저 정신 빠진 사람처럼 상대하지 말라는 말이며, 상대방과 대화하듯이 분명히 믿고 확실히 주실 것을 알고 구체적으로 똑똑히 기도하는 것을 말한다고 설명한다. 그가 음성 기도를 강조하는 것은 크게 두 가지 점 때문이다. 첫째는 자기가 무엇을 구했는지를 분명히 알도록 기도해야 응답에 대하여도 분명히 확인이 된다는 것과, 둘째는 묵상으로만 기도할 때 자칫 생각이 혼미해져서 자기가 기도하는 내용을 분명히 알지 못한 채 기도하는 모습만 갖게 되거나 혹은 그것이 기도인지 혹은 개인적인 상상인지 애매하게 되는 현상을 방지하기 위한 방안이기도 하다. 기도와 명상은 다른 것이며, 기도가 자칫 명상에 그치고 말 위험을 그는 음성으로 하는 기도로서 방지하고자 하는 것이다.

우리 요구가 마음속에만 있는 동안에는 흐릿합니다. 나 자신도 잊어버리고 살고, 또 거기에 대한 분명한 움직임을 못가져요. 흐리멍텅해요. 그런고로 사람과 말할 때도 음성으로 말을 해야 분명해요. 하나님과 말씀할 때도 음성으로 말해야 분명합니다. 하나님이 내 마음 가운데 생각의 움직임을 다 아시는데 내가 기도할 필요가 뭐인고. 가만히 있어도 우리 요구를 주님이 알아주실 텐데. 응답해 주실 것이라. 그렇게 생각하면 잘못이예요. 하나님은 우리 기도를 응답한 한 가지를 가지고 백 가지를 하시려고 하는 겁니다. 다시 말하면 기도 응답을 할 때에 자신도 이건 정말 기도 응답이라 깨달을 수 있게 하려니까 음성으로 말할 때에 하나님께서 그 요구를 감찰하시고 응답해 주십니다. 따라서 기도한 나도 아 그때 그렇게 말했는데 그대로 됐다 이렇게 생각하게 돼요. 마음 가운데 숨겨두고서 소원이 있다 그렇게 해서는 안 돼요. 자기 자신도 분명치 않거든요. 자기 자신도 분명치 않기 때문에 가슴 속에 있는 그 소원대로 하나님이 일을 해주셔도 그것을 기도 응답으로 인정을 안해요. 기도 응답으로 인정한다는 것은 아주 중요합니다. 하나님이 살아계신 것을 느끼는 겁니다. 이것 하나님이 주셨다, 분명하게 느끼는 겁니다. 그러기 때문에 한 번 기도응답 받고 계속 그 힘으로써 계속 그 사건으로 말미암아 가슴이 뛰어요. 하나님은 각 사람을 개인 취급합니다. 그런데 여기 있는 말씀과 같이 음성으로 기도해야 돼요. 그렇게 분명하고 구체적이어야 됩니다. 이 말은 하나님 상대할 때에 그저 정신 빠진 사람처럼 상대하지 말라 그 말 이예요. 그저 상대방과 지금 대화하듯이 분명히 믿고 확실히 줄 것을 알고 구체적으로 똑똑히 기도해야 될 것을 말합니다.[68]

"요나의 기도"라는 제목으로 한 설교에서도 정암은 요나의 기도의 특징을 두 가지로 요약하여 설교하면서 첫째 특징을 음성으로 한 기도라고 규정하고 음성기도의 중요성을 강조한다.

요나는 음성으로 기도를 했습니다. "불러 아뢰었더니"라고 하였고

"부르짖었더니"라고 했으며 또한 "내 음성을 들으셨나이다"라고 했습니다. 음성이란 것이 귀합니다. 하나님은 우리의 음성을 들으시기를 원하십니다. 하나님이 다른 동물과 달리 우리를 당신의 형상대로 지으신 목적은 영원토록 하나님 당신과 함께 살며 영원토록 함께 얘기하며 영원토록 사람과 교제하기 위한 것이었습니다. 하나님의 형상으로 지음 받았다는 것이 보통 일이 아닙니다. 피조물 중에는 최고봉의 존재요, 또 하나님을 닮은 자로서 하나님과 교제할 수 있도록 지음 받은 것입니다. 그러므로 하나님과 교제하는 데 있어서 이 음성이 그렇게 귀합니다. 우리가 마음이면 그만이라 그런 말을 합니다만, 마음은 잘 통하는 것이 아닙니다.

.....
우리가 하나님께 기도할 때에도 입을 열어 기도해야지 마음으로 기도한다 하는 것은 매우 부족한 기도입니다. 저는 생각으로 기도하려고 할 때는 생각이 풀리지 아니하고 움직이질 않고 논리가 풀려 나오지를 아니하고 말이 되지 않습니다. 그저 꽉 막혀 있고 잘해 보아야 이 심령이 하나님을 향하여 있다 하는 그런 정도인데, 그것이 기도라 할 수는 없습니다. 하나님은 우리가 말을 할 때 기뻐하십니다. 우리가 심령을 열어서 말로 풀어낼 때에 하나님은 기뻐하십니다. 그러므로 이 음성이 얼마나 귀한지 모릅니다.

......
우리가 기도할 때 음성으로 기도하는 것이 그렇게 귀합니다. 그만큼 우리 심령이 부드러워지는 것입니다. 우리 심령이 열리는 것이고, 우리 심령이 주를 향하여 가는 것입니다. 어떤 신학자들은 이 마음이 하나님을 향해 있는 것이 기도라는 말을 하는데, 아주 잘못된 말입니다. 이 음성이 그렇게 귀한데 우리가 기도할 때에 이 음성을 쓰면서도 또 가장 잘 사용해야 됩니다. 우리가 어떤 때는 너무 답답하니 "주여! 주여! 주여! 죽겠습니다! 주여! 주여! 주여!" 이렇게 합니다. 그것도 기도입니다. 여러분 그것도 중요한 기도입니다. 어린 아이들이 엄마를 찾을 때 급하면 발버둥질 치면서 앙앙 울면서 찾습니다. 찾는데 논리가 없습니다. 아이가 울면서 하는 말을 보면, 주격과 목적격이 전도가 되고 거꾸로 나오기도 하고 동사만 나오지 또 주격이 없는 이런 식의 말을 합니다. 그러나 그런 말에도 장점이 있는 것입니다. 우리가 기도하는 가운데도 하나님의 은혜가 왔다 갔다 하는 형편이 되어야 합니다.[69]

정암은 한나의 기도에 대하여 설교하면서도 음성으로 하는 기도를 강조한다. 한나의 기도 중 "한나가 속으로 말하매 입술만 동하고 음성은 들리지 아니하므로 엘리는 그가 취한 줄로 생각한지라"는 말씀을 오히려 한나가 음성의 기도를 한 증거로 강조한다. 그는 우리가 기도할 때 자신이 하는 말을 스스로 들을 수 있도록 음성을 내어 기도하는 것을 중요하게 여긴다.

엘리가 듣지 못한 것 뿐이지 음성은 났습니다. 자기 혼자 들을 수 있는 음성입니다. 그 누구들이 들을까 해서 고요히 기도한다는 생각으로 기도를 하는데 입술만 움직여요. 그러나 기도하면서 나는 소리를 들어요.... 제 경험대로도 음성을 내야 기도가 되고 말이 풀려 나오지, 음성을 내지 아니하고 기도하려면 꽉 막혀 가지고서 생각이 풀려 나오지 않고, 먼저 나올 생각과 뒤에 나올 생각의 구분이 되어 있지도 아니하고, 매우 희미한 가운데 있으니 기도를 할 수가 없습디다. 그렇기 때문에 성경을 읽어보면 구약이나 신약이나 말할 것 없이 기도를 했다 하면 음성을 내서 기도했습니다. 혹 어떤 이들은 말하기를 묵상으로도 기도할 수 있다고 합니다. 그러나 묵상이라는 것은 그 정도에서 멎는 거지요. 기도를 어느 정도 길게 풀어내는 그런 기도가 될 수 있겠는가 하는 문제입니다. 잠간동안은 그저 하나님을 경외하는 태도 표시로 가능하다고 생각합니다.[70]

기도! 다시 생각해보기

1. "참된 기도"란 구체적으로 어떻게 기도하는 것을 말합니까?

2. 당신이 "참된 기도"를 하는데 가장 큰 장애물은 무엇입니까?

3. 당신이 "참된 기도"를 하는 기도생활을 위하여 한가지를 결심한다면 그것은 무엇입니까?

첫째, 기도 응답의 확신
둘째, 적극적 응답과 부정적 응답
셋째, 즉각적 응답과 지연되는 응답
넷째, 깨닫지 못하는 응답
다섯째, 확실히 알려진 응답
여섯째, 작정의지/은밀 의지에 의한 응답

CHAPTER 4

기도는 응답 된다

정암은 그가 강조하는 항상 하는 기도와 참된 기도의 결과는 무엇인가에 대하여 분명한 확신을 가지고 있다. 기도는 응답된다는 것이다. 그리고 기도하는 사람에게는 기도가 응답된다는 확신을 가지는 것이 중요하다는 것을 힘주어 강조한다. 그러나 기도의 응답이 언제나 우리가 간구한대로 일이 성취된다는 말은 아니다. 그러므로 정암은 기도 응답의 유형을 몇 가지로 구분하여 제시한다. 적극적 응답과 부정적 응답, 즉각적 응답과 지연되는 응답, 응답된 사실을 깨닫지 못하는 응답, 확실이 알려진 응답, 작정의지 혹은 은밀 의지에 의한 응답 등이 그것이다.

첫째,
기도 응답의 확신

정암은 기도는 반드시 응답된다고 단언한다. 그리고 기도 응답에 대한 확신을 가져야 된다고 강조한다. 그는 시 121:4의 "하나님은 졸지도 아니하시고, 주무시지도 아니하신다"는 말씀을 하나님이 자기 방어를 하기 위하여 그러시는 것이 아니라, 우리를 돕기 위하여 늘 대비하고 계신다는 것을 비유적으로 표현한 것으로 해석한다. 그는 그 말씀을 기도응답을 보장하는 의미로 받아들이고 기도에 힘쓸 것을 강조한다.[71] 또한 롬 8:26-27의 "성령도 우리 연약함을 도우신다"는 말씀을 성도의 기도에 대한 응답을 보장하는 말씀으로 해석하면서, 그러므로 성도의 기도는 헛되지 않는다는 사실을 믿어야 된다고 강조한다.

기도는 참으로 응답된다고 우리는 믿습니다. 여러분이 생각하시기에는 어떻습니까? 기도 많이 하고 또 기도를 잘하려고 힘씁니다. 그렇지만 기도 응답에 대한 확신이 필요합니다. 모든 기도는 다 들으신다고 우리는 생각합니다. 우리가 하나님 앞에 기도한대로 응답

될 때에 하나님께서 기도를 들으셨다고 깨닫습니다. 그리고 기도응답이 안 될 때에도 우리는 하나님이 기도를 들으셨다고 생각해야 됩니다. 왜 그렇습니까? 하나님이 내가 기도한 것을 못 들으셔서 안 이루어주신 것이 아니고, 들어주시면 안 되겠기 때문에 안 들어주셨고, 또 지금 당장 들어주면 안 되겠기 때문에 듣기는 들었어도 지체하십니다. 우리는 그것을 알아야겠습니다. 그러니까 듣기는 다 들으셨어요. 주님이 모르시고 이루어주시지 않는 것은 아닙니다.[72]

∽

롬 8:26-27에 보면, "이와 같이 성령도 우리 연약함을 도우시나니 우리가 마땅히 빌 바를 알지 못하나 오직 성령이 말할 수 없는 탄식으로 우리를 위하여 친히 간구하시느니라 마음을 감찰하시는 이가 성령의 생각을 아시나니 이는 성령이 하나님의 뜻대로 성도를 위하여 간구하심이니라" 명백한 말씀입니다. 우리가 연약하기 때문에 기도를 잘 못하는 일이 많다는 것이 이 말씀에 반영되었어요. 그렇다고 해서 하나님께서 피로 사신 성도의 기도를 팽개치느냐 하면 그런 거 아니고, 성령님께서 그 기도를 들으시고 수정해 가지고 하나님 아버지에게 드린다 그 말예요. 그렇게 볼 수 있는 말씀 아닙니까? 말할 수 없는 탄식으로 우리를 위하여 친히 간구해 주신다고 했습니다. 그러기 때문에 우리들이 믿어야 할 것은 우리 기도는 헛되지 않다고 믿어야 된다 그 말입니다. 피로 산 성도이기 때문에, 피로 산 하나님의 자녀들이기 때문에, 하나님 아버지께서 결단코 팽

개쳐두지를 아니하시고 우리의 일동 일정을 살피시며, 특별히 우리의 기도에 대해서 따갑게 관계하신다 그 말입니다.[73]

정암은 기도 응답의 확신은 우리에게 담대함을 줄 뿐만 아니라, 그 자체가 기쁨이고 은혜라는 사실을 강조한다. 기도하면서 "이 기도는 틀림없이 이루어진다"는 인식을 갖게 되니 그것이 큰 기쁨이고 또한 은혜라는 것이다. 그리고 이러한 확신을 가질 수 있는 사람은 하나님을 아버지라 부르는 자들이니, 기도 응답의 확신은 자연히 하나님의 사랑을 느끼게 되는 데로 나아간다는 사실을 강조한다.[74] 정암이 기도는 응답된다는 사실을 강조하는 것은, 그러므로 기도해야 된다는 것을 강조하고자 함이다. 그는 그렇게 기도 응답이 확실한데도 신자들이 기도를 하지 않아서 영적으로 메말라지는 것은 그야말로 샘물이 콸콸 나오는 옆에서 목말라 죽는 것과 같은 이상한 일이요, 그것이 어두워진 인생의 모습이라고 지적한다[75] 그가 기도는 반드시 응답된다는 것을 강조하는 이면에는 그런데도 기도하지 않고 다른 일들에 열중하는 모습들에 대한 안타까움을 담고 있다. 그러므로 그는 "기도하지 않으면 만사가 이루어지는 일이 없다"고 단정하면서, 어떻게 하면 목회자들과 신자들이 자기와 같은 생각을 갖고 기도에 전념하게 할 수 있을지 답답해한다. 그는 "우리가 사귀지 말아야 할 사람"이라는 제목의 설교에서 다음과 같이 말한다.

제가 여러분 앞에 지금 부탁하는 것은 기도하지 않으면 만사가 다 안된다는 것입니다. 무엇으로 말해야 여러분이 이 말을 받겠는지 마음에 숙제로 있습니다. 교회 정치꾼들은 교회 문제가 생겼을 때 기도는 하지 아니하고, 사람들을 만나러 돌아다니고, 또 그저 이 회의 저 회의 돌아다니면서 어떻게 사람을 붙잡아가지고서 일을 해보려고 하는 그런 시험에 빠지는 것을 누구나 경계해야 합니다. 여러분도 별 수가 없어요.[76]

둘째,
적극적 응답과 부정적 응답

정암은 하나님께서 기도를 응답하시는 양상을 몇 가지로 분류한다. 첫째는 적극적 응답과 부정적 응답이다. 적극적 응답이란 우리가 기도한 대로 이루어지는 것을 말한다. 부정적 응답이란 우리가 기도한 대로 이루어지지 않는 것을 말한다. 그러므로 정암은 우리 기도에는 응답되는 기도와 응답되지 않는 기도가 있다고 한다. 사실 정암은 모든 기도는 응답된다고 확신한다. 그런데도 그가 응답되지 않는 기도가 있다고 말하는 것은, 하나님이 응답을 하지 않으시는 기도라는 의미에서 하는 말이 아니다. 우리가 구한 그대로 응답이 되지 않는 기도가 있다는 의미에서 하는 말이다. 정암은 응답되지 않는 기도가 있다는 사실로부터 세 가지 중요한 사실을 강조한다. 첫째 기도가 응답되지 않을 때는 하나님께서 보실 때 우리가 구하는 그것이 꼭 필요하지 않거나 혹은 그대로 주어서는 안되는 것이기 때문에 일부러 주시지 않는 경우가 있다는 것이다. 그러므로 이것도 일종의 기도 응답이다. 정암은 이것을 부정적 의미에서 기도응답이라고 한다. 둘째는 하나님께서 더 좋은 다른 것으로 주시려고 우리가 구한 것을 주시지 않는 경우가 있다는 것이다. 셋째는 기도 응답을 받지 못하고 있으면서도 하나님을 신뢰하고 사랑하기 때문에 기도를 포기하지 않고 계속하여 간구하는 신앙을 양성하기 위하여 일부러 응답을 늦추시는 경우가 있다는 것이다. 이와 같을 관점에서 본다면 결국 하나님은 우리의 모든 기도를 응답하시는 것이다. 이런 점에서 정암은 모든 기도는 응답된다고 확언한다.

> 하나님의 응답을 받는다는 것은 적극적 의미에서 응답을 받는 것도 있지만 부정적 의미에서 응답을 받는단 말이예요. 적극적 의미에서 응답을 받는 것은, 꼭 필요한 것을 구하니까, 또 구하되 참으로 구하니까 주세요. 하나님께서는 꼭 필요치 않은 것은 주지 않아요. 또 참으로 구하지 않으면 안 줍니다.[77]

우리가 기도를 많이 하느라고 힘쓰지만 기도 응답은 현저하게 받지 못하는 일도 있는 것입니다. 어떻게 생각하면 기도 응답을 받지 않았어도 역시 기도 응답을 받은 것이라 그렇게 해석을 할 수도 있습니다. 왜 그런고하니 기도 응답을 받지 못한 그 원인이 있으니까. 하나님께서는 그것을 이루어주지 않음으로 주님의 일을 나타내십니다. 다시 말하면 옳지 않은 기도를 그대로 이루어주지 아니하니 역시 그 경우에도 하나님이 살아서 역사한 것이 알려집니다. 그런고로 사실상 모든 기도는 응답된다. 그렇게 말을 할 수도 있습니다.[78]

∽

하나님께서는 우리의 기도를 당장 응답해 주는 예가 매우 드뭅니다. 왜 그런고 하니 인간은 덜 되었기 때문에 무엇을 쉽게 줘 버리면 헤이해지고 말고, 또한 하나님께서는 우리가 기도 응답을 대번 받지 못했어도 참아 나가는 그 신앙을 육성하기 원해요. 그런고로 응답은 못받으면서도 기도하는 그 기특한 태도가 귀합니다. 거기서 그는 하나님을 사랑하는 그 사실이 발견되는 겁니다. 거기서 과연 그가 기도의 맛을 보고 뗄 수 없는 그 내용이 거기 드러나는 것이올시다. 계속해서 기도하는 그 기도가 귀합니다.[79]

그는 야고보서의 말씀을 근거로 기도 응답을 받기 위해서는 믿음으로 구해야 된다고 강조한다. 그러나 그 믿음은 내가 구하는 것은 다 준다고 믿는 믿음을 말하는 것이 아님을 분명히 한다. 그는 내가 구한 것은 그대로 다 준다고 믿는 것은 "병적인 믿음"이라고 말한다. 그는 우리가 하나님의 주권적인 행사에 대해서는 다 알 수 없다는 사실을 인정해야 된다고 한다. 따라서 우리가 기도할 때 믿음으로 구하고 의심치 말라는 것은 하나님께서 주신다는 것을 믿음과 동시에 안 주실 수도 있다는 것을 믿는 것이라고 한다.

그의 주권적인 행사에 대해서는 다 몰라요. 그러니까 우리는 각오할 것이 이것입니다. 그의 주권적인 행사에 대해서는 우리 다 모른다는 것. 따라서 기도할 때에 믿음으로 구하고 의심치 말라는 것은 하나님께서 주신다는 것을 믿고, 동시에 안 주실 수도 있다는 것을 믿는 거예요. 안주시는 것도 내게 주는 거예요. 왜 그런고 하니 안 주시므로 내게 유익하니까. 사랑하는 자에게 전갈을 주겠습니까? 떡을 달라 해야 되겠는데 뱀을 달라 할 적에 그것 주겠습니까? 안 줘요. 우리는 평안하기를 원하지만 하나님은 고생을 시키는 수도 있습니다.[80]

그러므로 정암은 우리의 기도는 구한 그것을 받음으로 적극적으로 응답되든지, 그렇지 않으면 부정적으로 응답을 받든지 반드시 응답된다는 확신을 가질 것을 강조한다. 그리고 우리가 기도를 잘못하여 오랫동안 기도응답이라는 것이 무엇인지를 모르기 때문에 기도응답이 안되는 것으로 생각할 가능성이 있다는 것을 알아야 한다고 강조한다. 그러므로 기도 응답을 못받았으면 자기의 기도에 대한 반성을 해야 한다고 역설한다.

우리가 기도 응답을 못 받았으면 좀 자기를 반성해야 됩니다. 내가 기도를 바로 했나? 이것 뭐 정신 빠진 사람처럼 다니지 않나? 예수를 믿기는 믿는다고 하지만 저것 뭐 정신 빠진 사람 아냐? 기도를 했다면 얼마나 했으며, 또 쓸 만한 기도를 얼마나 했는가? 이것 뭐 내가 어떻게 사는 거야? 좀 반성을 해야지, 도무지 반성 없이 세월을 보내는 것이 얼마나 참 답답합니까?[81]

셋째, 즉각적 응답과 지연되는 응답

정암은 우리의 기도가 즉각적으로 응답되는 경우도 있지만 그런 경우는 매우 드물고, 사실은 지연되는 경우가 자주 있음을 지적한다. 그리고 기도응답이 지연되는 경우에 대하여, 거기에도 하나님의 의도와 우리를 향한 깊은 배려가 있다는 사실을 강조한다. 그러므로 기도응답이 지연되고 있을 때에도 계속하여 기도하는 그 기도가 귀하다고 강조한다.

하나님께서는 우리의 기도를 당장 응답해 주는 예가 매우 드뭅니다. 왜 그런고 하니 인간은 덜 되었기 때문에 무엇을 쉽게 줘 버리면 헤이해지고 말고, 또한 하나님께서는 우리가 기도 응답을 대번 받지 못했어도 참아 나가면서 기도하는 그 신앙을 육성하기 원해요. 그런고로 응답은 못받으면서도 기도하는 그 기특한 기도의 태도가 귀합니다. 거기서 그가 하나님을 사랑하는 그 사실이 발견되는 겁니다. 거기서 과연 그가 기도의 맛을 보고 뗄 수 없는 그 내용이 거기 드러나는 것이올시다. 계속해서 기도하는 그 기도가 귀합니다.[82]

∽

우리가 기도해서 당장 그 시간으로 뭘 받으려고 하면 실망이 되겠죠. 하나님께서는 그렇게 일을 안하세요. 어떤 때에 기도하는 그 즉석으로 은혜 받는 일도 있지만, 대부분의 경우에 그렇지 않습니다. 하나님이 하시는 일은 사람의 마음과 달라요. 그저 믿음으로 참말로서만 기도를 하면 기도를 해나가는 가운데 반드시 하나님이 열매를 준다 그 말예요. 반드시 줘요. 제 경험으로는 어떤 때는 기도하는 가운데 마음이 뜨거워지는 일도 없고 그저 냉냉해도요, 옳게 기도했으면 그날에 혹은 그 이튿날에 이상한 역사가 있어요. 무엇보다도 나 자신이 마음이 기뻐요. 또 마음이 평안해요. 평안할 이유가 없는데도 마음이 평안해요. 그런 일이 있어요. 그저 평생 살아오는 가운데 그런 일들이 있어요. 우리는 진리를 그대로 믿고 그대로 그저 할 뿐 이예요. 선한 기도를 해야 됩니다. [83]

넷째, 깨닫지 못하는 응답

정암은 1987년도 케직사경회에서 "나의 생애와 기도생활"이라는 제목의 특강을 하였다. "기도응답"에 대한 문제를 주제로 삼은 그 특강에서 정암은 기도 응답의 양상을 "깨닫지 못하는 기도응답"과 "확실히 알려진 기도응답", 그리고 "작정의지 혹은 은밀의지에 의한 기도 응답"으로 나누어서 말한다. "깨닫지 못하는 기도 응답"이란, 신자들이 기도를 많이 하면서도 그것이 어떻게 응답되었는지를 확인하기가 어려운 경우를 말한다. 기도해놓고도 응답을 깨닫지 못하는 경우가 생기는 것은 세 가지 이유 때문이다. 첫째는 다른 사람들을 위하여 기도하는 경우이다. 나와 직접 관련이 없는 다른 사람들을 위하여 한 기도는 언제 그리고 어떻게 그 기도가 이루어졌는지 확인하기가 어렵다. 또한 우리가 다른 사람들을 위하여 한 기도에 대하여는 그 결과가 어떻게 되었는지 그 응답에 대하여 무관심하기 쉽다. 그래서 응답된 사실을 깨닫지 못하게 된다. 둘째는 기도응답이 우리가 구한 것과는 다른 방식으로 이루어져서 응답받았다고 깨닫기 어려운 경우이다. 다시 말하면 우리가 구한 것이 하나님의 뜻과 달라서 하나님께서 우리가 구한 방식이 아니라 다른 모양으로 응답을 하신 경우이다. 셋째는, 우리가 한 기도의 성격이 우리가 그 응답을 구체적이고 실제적인 사실로 확인하기가 힘든 기도의 경우이다. 예를 들어, 주기도문의 경우와 같이 하나님의 나라가 임하기를 구하는 기도, 하나님의 이름이 거룩히 여김을 받기를 간구하는 기도와 같은 경우 그 응답이 언제 어디서 어떻게 이루어지고 있는가를 우리가 확인하는 것은 불가능 한 것이다.[84]

정암이 "깨닫지 못하는 기도 응답"이 있다는 사실을 강조하는 이유가 있다. 기도응답을 확인하기 어려운 기도주제라는 것 때문에 그러한 기도에 무관심하거나, 그 기도에 전력하지 않게 되는 경향이 우리에게 있기 때문이다. 정암은 응답을 확인할 수 없는 기도라고 할지라도 그러한 기도에 더욱 힘을 내야 한다고 도전한다. 그는 특별히 다른 사람들을 위하여 하는 기도와 관련하여 이 점을 강조한다. 그는 그것을 강조하기 위하여 우리의 기도가 반드시 감정적이거나 심리적인 어떤 반응이나 현상을 동반하기를 기대하지 않아야 한다고 강조한다.

하지만 우리가 기도에 대해서 올바로 이해하면 그것이 문제는 아니예요. 기도는 기도할 때에 우리의 가슴이 퍼뜩해지고, 말할 때에 실감이 나고 그래야만 꼭 되는 건 아니예요. 그것도 좋은 현상입니다. 하지만 그것만이 아닙니다. 우리가 모든 사람을 위해서 기도하는 것이 진리라, 모든 사람을 위하여 기도하는 것이 하나님의 뜻이라, 천지는 변할지언정 이것은 못 변한다, 우리가 그렇게 믿는 것이 첫째예요. 믿고 이제 모든 사람을 위해서 기도하는 그 기도를 해야 돼요. 당장 무슨 뜨거워지는 것이 없고, 뭐 실감이 나서 그야말로 기도를 만족하게 생각하는 그런 일이 별반 일어나지 않는다 해도, 그것이 문제가 아니예요. 이것은 진리요, 진리기 때문에 나는 이대로 기도 한다 해서 기도해요. 그 기도를 해요. 그렇게 그 기도를 하고 무슨 소리도 못들었고, 마음에 실감도 별로 안났고, 뭐 뜨거워지는 일도 없고 그랬다 해도 그건 문제가 아니예요. 이렇게 해 나가노라면 실감도 나게 되고, 차차 일이 되가는 것이고, 또 오래 동안 실감이 안나도 괜찮고, 이것이 첫 째 되는 기도라고만 이렇게 알고 믿고 나갈 때에 하나님께서 어느 시점에 가서는 역사하시고 하나님께서 우선 나 자신에게 그 기도의 열매를 거두도록 해주시는 거예요.[85)]

다섯째, 확실히 알려진 응답

정암은 기도의 응답이 확실하게 드러나는 기도가 있다고 하면서, 자신의 사명감당을 놓고 하는 기도와 하나님의 뜻대로 하는 기도를 응답이 확실한 대표적인 예로 제시한다. 그는 하나님께서는 기도를 응답하실 때 우리를 개인별로 처리하신다는 것을 강조한다. 즉 각 사람의 개인사정에 따라 응답을 주신다는 것이다. 각 개인의 사명 감당을 위하여 각각의 처지에 맞도록 응답을 하신다는 것이다. 정암은 자기 자신이 실제로 특별히 자신의 사명과 관련하여 드린 기도들이 많이 응답되었다는 사실을 실례로 들어 이 사실을 강조한다. 그러므로 우리는 우리의 사명 감당을 놓고 기도해야 한다는 결론에 이르게 된다.

첫째는 확실히 알려진 기도응답들 가운데 사명 관계로 기도했을 때 하나님이 꼭 응답해주셔요. 사명, 즉 내가 무엇을 하는 건가. 내가 무엇을 꼭 해야 되겠다. 특별히 나같은 사람은 목사요 또 목사로서 부족하지만 어느 방면에 봉사할 사람이라고 이렇게 확실한 신념을 가질 때에 그것이 소명감이 아니겠습니까? 나는 어디서 어떻게 일 할 사람이라고 생각하는 것 이것이 중요합니다.... 사명을 받았다고 하면 반드시 하나님이 그 방면에 쓰니까 그 방면에 필요한 것을 주시면서 일을 시키는 법이니 하나님 앞에 가서 구할 때에 받는다 말이예요. 그러므로 확실히 알려지는 기도 응답에 있어서 우리가 첫째로 생각할 것이 그것이예요. 사명 관계에서 응답을 받는다. 그리고 확실히 알려지는 기도응답에 있어서 또 한 가지 말하겠습니다. 하나님의 뜻대로 하는 기도응답입니다. 하나님은 당신님의 뜻대로 기도할 때에 이루어주십니다.[86]

∽

제 경험대로 말하자면 평생 개인 취급을 당했습니다. 제가 기도 응답받은 것 수다하지만 응답 못받은 것도 많아요. 기도를 잘 못하니까, 쓸 데 없는 기도를 하니까, 안들어주세요. 기도 응답 받은 것은 특별히 진리 연구와 관계된 일들이예요. 또 설교하는 데 관계된 일들입니다. … 설교하는데 매번 하나님의 응답을 받습니다.[87]

∽

제가 만주에 있을 때 바로 1941년에서 45년까지 만주에 있었으니까 그때 제가 새벽마다 기도한 것은 그것이었어요. 제가 원하는 것이 있는데 하나님 아십니다. 하나님께서 이 기도를 들으시고 반드시 그때가 오면 나를 그 방면으로 사용해주시옵소서 하고 기도했어요. 지금도 잊어버리지 않으니까 그 기도가 따가운 것이 분명합니다. 한 4,5년 동안 그 기도를 했는데 해방되자 제가 부족하나마 부산에 내려가서 고려신학교에서 봉사하게 되었습니다. 제 한 평생에

있어서 고려신학 15년 동안의 교육이 바로 그 중점을 차지했다고 생각해도 과언이 아니겠습니다.[88]

∽

우리 각 개인의 형편대로 들어주십니다. 우리가 우리 자신의 신분을 지키지 않고 기도할 때에 정치가가 돼서 기도하고, 기도할 때에 장사꾼이 돼서 기도하고, 기도할 때에 학자가 돼서 기도하고. 내가 아닌 내가 되어가지고 내가 하지 않은 일에 대해서 구하기 때문에 하나님께서 그것을 즐겨 들으시지를 않아요. 하나님은 우리를 개인 취급하시기 원합니다. 하나님은 그렇게 사랑해요. 우리를 도매금으로 취급 안 하세요.[89]

여섯째, 은밀한 작정 의지에 의한 응답

정암은 우리가 하나님의 뜻대로 하는 기도가 확실히 응답되는 기도라고 단언한다. 그러나 어떤 경우의 기도들은 그 문제와 관련한 하나님의 뜻이 있다는 것은 분명하지만, 하나님의 그 뜻이 정확히 무엇인지를 알 수 없는 경우의 기도가 있음을 인정한다. 그 경우에는 하나님의 작정의지 혹은 은밀 의지라는 관점에서 자신의 기도를 수행한다고 진술한다.

하나님의 뜻이라고 하면 작정의지와 은밀 의지가 있습니다. 작정의 지는 하나님이 성경에는 밝히지 않았고 은밀한 중에 어떻게 하실 것을 생각하고 계신 것이 있다 그 말입니다. 이 사람은 어느 때에 가서는 세상 뜨도록 한다는 것 같은 것. 그것이 작정의지인 동시에 은밀 의지라 말입니다. 알 수가 없어요. 그런 경우에 있어서 기도를 어떻게 하느냐? 국가와 관계된 모를 문제도 많고, 사회적으로 관련된 모를 문제도 많고, 각자의 개인 문제에 있어서도 모를게 많아요. 하지만 기도는 해야 될 문제들이라. 그런 경우에 기도를 어떻게 하는가? 저는 그렇게 기도를 해옵니다. 내가 원하는 것, 성경 말씀과는 위반 안되는 것, 위반 안되는데 꼭 하나님이 그렇게 하시겠는지, 그건 또 모른단 말입니다. 성경에 써놓지 않은 문젠데 성경에 위반된 것을 기도할 수는 없지요. 그러나 성경에 위반은 아닌데 모를 문제라. 거기에 대해서 저는 기도를 이렇게 하고 싶어요. 내가 좋게 생각하는 대로 기도하고 싶어요. 그런데 발을 달아요. 그저 내 뜻대로 마옵시고 하나님 뜻대로 하옵소서 하고 발을 달아요. 그렇게 기도할 수밖에 없어요. 그런 문제를 가지고 기노 안 할 수도 없는 깃 아닙니까? 기도는 해야 되는데 하나님의 은밀 의지에 속한 것이니 내가 기도를 어떻게 할 건가? 이것이 문제가 되는 것입니다. 그럴 때 나는 내가 생각하기에 좋은 것을 해달라고 간구하면서, 거기다

가 이제 또 붙이기를 하나님의 뜻대로 하시고 내 뜻대로 마옵소서 그렇게 기도하고 싶어요.[90]

정암은 이런 경우에는 열정적으로 기도하기가 어려워서 그냥 습관적이거나 마음을 쏟지 않는 건성으로 하는 기도를 하기 쉽거나 혹은 하나님께 맡긴다는 명분으로 기도를 제대로 하지 않게 될 위험이 있다고 한다. 그러므로 이런 경우에도 기도를 "따갑게" 그리고 "매달리는" 모습으로 해야 한다고 강조한다.

그런데 이런 문제에 있어서 우리가 기도를 따갑게 못하는 그러한 과오를 범하기 쉬워요. ..... 저는 여기서 지금 깨닫는 것이 이 문제에 있어서 따가워야 되겠다, 이렇게 깨닫고 있습니다. 그리고 그렇게 실행해 보려고 합니다. 따가운 것은 무엇인가 매달리는 모습으로 나타납니다. 매달린다는 것은 달라 달라 하면서 놓지 않고 계속 달라 달라 하는거라 말입니다. 그만큼 따갑고 집중적이고 참으로 고생을 무릅쓰고 애를 태우면서 기도를 계속한다 그 말입니다. 사실상 이것이 또 중요한 기도인데 그저 뭐 맥빠진 기도로 그저 말을 하는 정도로만 해 넘긴다는 것은 참 안될 일이라고 생각됩니다. 뭐 모를 문젠데 하나님이 알아서 하시유 이런 식으로 해서는 안되겠다 그말입니다.[91]

기도! 다시 생각해보기

1. 어떤 의미에서 우리의 모든 기도는 응답된다고 말할 수 있습니까?

2. 하나님께서 우리의 기도를 응답하시는 방식들에는 어떤 것들이 있습니까?

3. 우리의 기도에 응답이 없거나, 구한대로 응답이 되지 않을 때 우리가 가져야 할 태도는 무엇입니까?

CHAPTER 5

기도로 설교에 불을 붙이라

정암은 설교자는 자신이 행할 설교를 위하여 기도해야 한다는 것을 극도로 강조한다. 사실 정암이 기도를 힘주어 강조하는 여러 단락들은 설교에 있어서 기도의 중요성을 강조하는 맥락에서 이루어지고 있다. 그러므로 정암의 기도에 대한 가르침을 종합적으로 파악하기 위해서는 그가 설교를 말하면서 기도를 강조하는 내용들을 살펴보아야만 한다. 이곳에서 설교와 기도라는 관점에서 그의 기도에 대한 가르침을 살펴보는 것도 그 이유 때문이다.[92]

정암의 삶은 신학자요, 주석가요, 설교자라는 세 단어로 요약할 수 있다. 신학교 강의와 주석 저술, 그리고 강단의 설교는 정암이 평생토록 자신의 신학과 말씀의 깨달음을 표현하고 선포하는 결정적인 방편이었다. 이 세 가지 일은 정암이 자신의 "삶을 바친 세 가지 일"이었다. 그는 이 세 가지 일을 놓고 "뼈에 사무치는 열정을 가지고 일생 동안 수행한 일"이었다고 회고한다.[93] 그러나 정암 자신은 마지막 순간까지 자신을 무엇보다도 설교자로 인식하고 있었음이 분명하다. 그가 소천하기 얼마 전에 병상에서 가족들에게 털어놓은 말이 있다. "모든 친구들이 다 갔으니 나도 가야 하지만 한 가지 아쉬운 것은 설교를 못하는 것이다."[94] 이 말은 그가 얼마나 설교하기를 사모하였는가를 단적으로 보여준다. 신복윤 교수는 "그는 기도 없이 못 산 것처럼, 설교 없는 생활은 아무 의미가 없다고 생각"했다고 정암에 대하여 증언한다.[95]

정암에게 설교자가 설교를 위하여 기도하는 것은 단순한 경건 행위의 일부가 아니다. 그에게 기도는 설교를 수행하는 과정의 필수적인 행위요 절차이다. 그는 설교는 성령의 감화가 있어야만 된다고 한다. 그런데 "성령의 감화는 성경 말씀에 깊이 들어가서 녹아질 때 되는 것이며, 또한 기도에 녹아져야 받는 것"이라고 단언한다.

성령의 감화 없는 일꾼은 평생 사람을 속이는 것이요, 성령의 감화는 성경 말씀에 나 자신이 깊이 들어가서 내가 녹아질 때에 되는 겁니다. 성경을 피상적으로만 연구하고 아는 줄로 생각해서는 안되는 것입니다. 그 말씀 속에 깊이 들어가서 그 진의를 맛보고 세미한 음성이 들리는 그 지경에 들어가서 나 자신이 녹아지는 때에 성령의 감화를 나 자신이 체험하며 동시에 다른 사람에게 그 말씀을 전할 때에 성령의 감화가 나아가는 거예요. 성경에 깊이 안들어 가고서 어떻게 성령의 감화를 받는 겁니까? 그렇게 천단하고 피상적으로 노는 인간이 어떻게 성령의 감화를 받습니까? 하나님은 피상적이 아닙니다. 하나님은 진실을 원하시는 하나님이기 때문에 파고 들어가서 얻기까지 힘쓰는 이 진실(이 있어야 합니다). 그저 뭐 하는지 마는지 하는 이러한 껍데기 수작은 하나님이 기뻐하지 않아요. .... 성령의 감화는 기도에 녹아져야 받아지는 것입니다. 우리가 기도를 할 때에도 그저 겉으로만 기도하고 껍데기 수작으로 마지 못해서 하는 체하고 마지 못해서 한 순서를 가지는 이것이 무슨 기도 입니까? 기도는 주님께 매달리우는 일이 있어야만 되고, 주님에게 나 자신을 던져 넣는 이것이 있어야 되는 것이죠. 성령의 감화 없이 설교를 제대로 못하고 성령의 감화 없이 주님을 위한 일을 참되이 이루지를 못합니다.[96]

그러므로 정암이 설교자는 설교를 위하여 기도해야 한다는 사실을 극도로 강조하는 것은 매우 당연한 일이다. 정암은 자신의 설교준비에 대하여 진술하면서 설교를 지적으로 준비하고, 그것을 기도로 불붙이는 일을 해오고 있다고 한다.[97] 지적으로 잘 준비한 설교에 불을 붙이는 것은 기도라고 그는 믿고 있다. 그는 기도로 준비되지 않은 설교는 감화력이 없다고 단정 짓는다. 비록 설교준비를 먼저하고 기도를 하건, 반대로 기도를 먼저 하고 설교준비를 나중에 하건 시간적 순서에 있어서는 관계가 없으나, 한 편의 설교가 능력있게 수행되기 위해서는 이 두 가지 작업은 반드시 병행해야 하는 것임을 그는 강조한다. 그러나 이 기도는 결코 쉬운 일이 아니라는 사실을 분명히 한다. 그는 자기의 경험을 근거로 하여, 이 기도는 심신을 하나님께 바치고 자기 자신이 제물이 될 정도로 심각해지기도 한다고 한다. 헌신의 노력이 아니고는 진정한 기도의 상태에 이르기 어렵다고 고백한다.

물론 그는 본문에 대한 올바른 깨달음으로 설교가 잘 준비되어야 할 것을 무엇보다도 강조한다. 그는 설교 준비에 있어서 기도도 많이 해야 되지만, 먼저 설교 내용이 성경에 의한 올바른 깨달음으로 준비되어야 한다고 강조한다. 정암 자신의 체험으로 보아도 기도를 아무리 하여도 성경을 잘 준비 안한 다음에는 설교에 은혜가 없었다면서, 기도가 먼저가 아니고 성경이 먼저라고 주장한다. 그러나 그는 다시 분명히 말하기를, 설교자에게 있어서는 성경을 연구하는 준비가 더 중요하지만, 그러나 그렇게만 하고 기도를 안 하면 또 있어야 할 것이 없는 것이며, 그러면 성령의 역사가 사람들이 느낄 정도로 나타나는 것이 매우 빈약하게 된다고 강조한다.[98] 정암에게 있어서는 본문 연구가 설교를 지적으로 준비하는 것이라면, 기도는 그것에 불을 붙이는 일이며, 기도로 준비되지 않은 설교는 감화력이 없다는 것이 변함없는 확신이다.[99]

그러므로 그는 결론적으로, 설교자에게 있어서는 성경을 연구하는 준비가 중요하지만, 그러나 기도도 없어서는 안되는 것이라고 강조한다. 그는 이것을 놓고 하나님께서는 설교자가 바친 만큼 주심에 있어서 에누리가 없으시다고 단정 짓는다. 그는 성경연구와 기도 준비에 시간을 얼마나 바쳤는가에 따라서 그 설교의 성패가 좌우된다고 주장한다. 그것은 자신의 일평생 동안의 설교 사역으로부터 체험한 것이라고 진술한다.[100] 그는 성령의 감화 없이 설교를 제대로 할 수 없고, 성령의 감화 없이는 주님을 위한 사역도 참되이 이룰 수 없다고 단정한다. 그러나 성령의 감화는 기도에 녹아져야만 받을 수 있는 것이라는 말로 설교에 있어서의 기도를 강조한다. 앞에서 인용한 다음의 말은 얼마든지 반복해서 들어도 지나치지 않을 정도이다.

> 성령의 감화는 기도에 녹아져야 받아지는 것입니다. 우리가 기도를 할 때에도 그저 겉으로만 기도하고 껍데기 수작으로 마지 못해서 하는 체하고, 마지 못해서 한 순서를 가지는 이것이 무슨 기도입니까? 기도는 주님께 매달리우는 일이 있어야만 되고, 주님에게 나 자신을 던져 넣는 이것이 있어야 되는 것입니다.[101]

정암은 1987년도 케직 사경회에서 행한 "나의 생애와 기도생활"이라는 주제의 강의에서 하나님이 반드시 응답해주시는 세 가지 기도를 제시하는데, 그 중의 하나로 강단 사역과 관련하여 하는 기도를 들고 있다. 즉 하나님은 설교자가 자신의 강단 사역과 관련하여 하는 기도를 응답하신다는 것이다. 그의 이러한 단정에는 그러므로 설교자는 반드시 자신의 강단 사역을 위하여 기도해야 한다는 촉구가 담겨있다. 정암은 설교자들이 자신의 설교를 위하여 해야 하는 기도를 가리켜 "많이", "따갑게", "간절하게",

"전심으로" 등 여러 표현으로 말한다. 그러므로 그 자신이 이 기도가 쉬운 일이 아님을 잘 알고 있다. 자신이 어떻게 설교를 위한 기도를 해왔는지 그는 다음과 같이 고백한다.

기도로 준비되지 않은 설교는 감화력이 없다. 이 기도는 결코 쉬운 일이 아니다. 많은 노력이 요구되며, 때로는 나의 심신을 하나님께 바치고 나 자신이 제물이 될 정도로 심각해지기도 한다. 이같은 헌신의 노력이 아니고는 기도의 진상에 이르기 어렵다.[102]

어떤 때에는 여러 시간 준비 기도를 했는데도 그 설교가 별로 은혜롭지 못했던 경우가 있다. 후에 생각해보니, 준비기도에 시간은 바쳤지만 전심으로 기도하지 못했던 것을 깨닫게 되었다.[103]

정암은 설교자의 설교를 위한 기도가 얼마나 중요한가를 강조하기 위하여 자기의 경우를 간증한다. 자신은 펜을 잡고 설교를 쓰면서도 "주여, 주여" 하는 기도를 하며, 설교를 맡으면 "주여, 주여" 하는 기도를 지속적으로 한다고 진술한다. 그러면서 그렇게 기도를 하는 이유는 속이 타서 그러는 것이라고 설명을 한다. 또한 그는 사명을 받았다고 하면 반드시 하나님이 그 방면에 필요한 것을 주시면서 일을 시키는 법이니 사명을 이루기 위하여 하나님 앞에 가서 구할 때 받는 것이라고 강조하면서, 하나님께

"따갑게" 구할 것을 촉구한다. 그리고 "따가움"이란 다른 말로 "간절함"이며 그것은 "주시기 전에는 놓지 않는 것"이라고 구체적으로 설명 한다. 그러므로 그는 "기도를 많이 애를 써서 하고, 일어서면서도 조금 더 할 걸 그랬다하는 마음이 있어야 되고, 다른 일을 보면서라도 아직도 중얼거리며 그 기도를 하고 있을 정도로 끊이지 않는 이러한 심정으로 이 중요한 기도를 해야 된다"고 강조한다.[104] 그가 설교를 하기 위하여 택시를 타고 가는 중에 계속하여 "주여, 주여"하고 중얼거리는 것을 이상하게 여긴 택시 운전사가 "혹시 약주 잡수셨습니까?"하고 물은 적도 있었다는 것은 널리 알려져 있는 유명한 일화이다. 그는 어느 교회든지 설교를 하러 강단에 올라가면 청중을 둘러보는 일이 없이 설교 순서가 될 때까지 계속하여 "주여, 주여"하고 기도하면서 앉아서 설교순서를 기다렸다.[105] 정암이 설교를 놓고 그렇게 기도하는 것은 위에서 그가 진술한 바와 같이, 설교를 위하여 "마음이 타지는 기도", 혹은 "따가운 기도"를 해야 된다는 그의 열정 때문이었다.

저는 기도할 적에 설교 때문에 기도하는 예가 많습니다. 여기 강단에 앉아서도 기도를 합니다. 어떤 때는 그저 주여 주여 하면서 앉아 있어요. 보기는 뭐 좋은 태도가 아닙니다. 뭘 중얼거리며 앉았고, 또 어떤 때는 흔들흔들하며 앉아 있기도 했을 거예요. 좌우간 이거 설교하기 힘들어요. 준비를 잔뜩 해가지고도 어려워요. 마음이 평안해야 합니다. 이게 또 담대해야 합니다. 또 마음이 하나님에게 삼키워져야 설교를 하는 겁니다. 마음이 복잡하면 못해요. 또 마음이 평안치 않으면 못합니다. 또 담대해야 합니다. 설교할 적에 저기를 쳐다보고 말하고 땅을 쳐다보고 말하고 이쪽 쳐다보고 저쪽 쳐다보고 감히 청중은 쳐다보지도 못하는 그런 모습으로는 설교 못해요. 설교를 하긴 하겠지만 설교 아닌 설교죠. 설교란 것은 마음이 평안해서 이분들이 내게 대해서 어떻게 생각할꼬 하는 생각도 없어야 되고, 담대해야 되지요. 어떤 때는 설교하러 나갈 수가 없어요. 마음이 평안하지를 못해요. 또 즐거움, 기쁨이 없어요. 그럴 때는 설교가 안됩니다. 그래도 기도하는 것은 주님이여 담대하게 하옵소서. 주님, 기쁨을 주옵소서. 아 그렇게 기도했는데, 거기 앉아서 기도할 때는 기쁨이 없었는데 마치고 나오는데 기쁨이 다른 데서 오거든, 그것 모르겠습니까? 다른 데서 오는지 내 마음에서 솟아나는지 그걸 모르겠습니까? 또 담대해지는데 그것 뭐 그렇게 무서워하던 존재가 나오는데 담대해지거든요. 그것 자기가 깨달아요. 분명히 위에서 온단 말이요. 하나님 말씀 연구할 때도, 제목을 정하고 설교를 쓰는 것이 어려워서 그저 안타까와서 기도하고 그야말로 간절히 간구를 했단 말이에요. 불쌍히 여겨 달라고 그저 울면서 기도했단 말이요. 그러면서 또 붓을 들어서 써보려고 해요. 그런데 하나님이 널어주거든요. 성경 말씀을 열어줘서 그저 쓰게 돼요. 모든 설교자들이 다 같은 체험을 하게 되는 겁니다. 그렇다면 진리 연구하고 진리

전파하는 나로서 무슨 기도를 할 겁니까? 성경 말씀을 깨닫도록 해 주옵소서. 말씀을 전할 때에 담대하게 해 주옵소서. 말씀을 전할 때에 기쁨이 있게 해 주옵소서. 그런 기도는 뭐 계속하지요. 하나님이 이루어 주거든요. 나의 처지에 필요한 것은 구해서 꼭 받아요.[106]

정암에게 설교를 위하여 기도가 중요한 것은 성령의 감화로 말미암은 능력 있는 설교의 실현 외에 또 다른 중요한 이유가 있다. 정암은 설교자에게는 범하기 쉬운 2가지 가증한 일이 있다고 한다. 첫째는 설교 행위를 통해서 은근히 자기를 드러내려 하는 것이고, 둘째는 청중을 의식하여 청중의 비위를 맞추는 설교를 하는 것이다. 정암은 이러한 가증한 장애를 극복하는 데 있어서도 설교를 위한 준비기도가 필요함을 역설한다. 그에게 있어서 기도는 성령의 감화로 말씀의 능력이 나타나게 하기 위하여 필수적일 뿐만 아니라, 설교자가 범하기 쉬운 가증함을 극복하기 위해서도 필수적인 수단인 것이다.

설교할 때에 장애되는 문제는 자아에 대한 관심과 청중에 대한 위축감이다. 설교자가 설교 행위를 통해서도 은근히 자기를 변호하거나 자기를 높이는 것 같은 것은 언제나 하나님 앞에서 가증하다. 그 뿐 아니라, 청중을 의식하여 마땅히 할 말도 못하고 도리어 아부하는 것 같은 언사는 얼마나 가증한가. 이런 심리는 진정한 투쟁적 기도에 의해서만 죽임이 된다. 나의 경험으로는 설교하기 전에 착실히 기도하고 강단에 섰을 때에만 이 같은 장애가 없었다.... 그러므로 나는 설교를 위한 준비 기도를 더 많이 하려고 애쓴다.[107]

기도! 다시 생각해보기

---

1. 설교자가 설교를 지식적으로만 준비하고 기도로 준비하지 않으면 안되는 이유가 무엇입니까?

2. 설교자에게 기도는 성령의 감화로 말씀의 능력이 나타나게 하기 위하여 필수적일 뿐 아니라, 설교자가 범하기 쉬운 가증함을 극복하기 위해서도 필수적인 수단입니다. 어떤 점에서 그렇습니까?

3. 설교자만이 아니라, 설교를 듣는 이들도 자기가 들을 설교를 위하여 기도해야 하는 이유는 무엇입니까?

주

1) 정창균, "설교학적 관점에서 본 정암 박윤선의 설교", 정암 박윤선의 설교,(제18회 정암신학강좌), 합동신학대학원대학교, 2006, 79-131.
2) 정창균, "다시 듣는 정암 박윤선의 설교: 합신인에게 남긴 정암 설교의 재조명", 신학정론, 제28권2호, 2010.11. 219-285.
3) 양영학, "기도하는 바보가 되라", 유영기 엮음, 그 날에 족하니라 : 한국교회의 큰 스승 박윤선 목사 회고담, 합신대학원출판부, 2009, 94-95.
4) 김명혁, 박윤선의 기도, 신학정론, 제14권2호, 1996. 11., 245.
5) 앞의 책, 245-255.
6) 서영일, 박윤선의 개혁신학 연구, 100.
7) 방지일, "누가 뭐래도 기도꾼은 박윤선입니다", 유영기 엮음, 그 날에 족하니라: 한국교회 큰 스승 박윤선 목사 회고담, 합신대학원출판부, 2009, 251-252
8) 박윤선, "파수군의 밤이 어찌되었느뇨", 1986. 교역자 수양회 설교, 설교테이프 제8집
9) 김명혁, 앞의 책, 253.
10) 합동신학교 출판부 편, 박윤선의 생애와 사상, 합동신학교출판부, 1995, 22.
11) 박윤선, 나의 생애와 기도생활, 1987 케직사경회 설교, 설교테이프 제16집(미발간). cf. 박윤선의 생애와 사상, 합동신학교출판부 편, 1995, 21.

12) 앞의 설교
13) 김명혁, 앞의 책, 253.
14) 이동주, "단순과 진실의 충성된 종", 신학정론 제7권2호, 1989, 12, 334.
15) 김명혁, 앞의 책, 255.
16) 이곳에 소개한 필자와 관련된 일화는 다음 책에 기고했던 것을 다시 소개한 것이다. 유영기 엮음, 그 날에 족하니라 : 한국교회의 큰 스승 박윤선 목사 회고담, 합신대학원출판부, 2009, 99-102.
17) 합동신학보, 1981년 9월 5일. 1, 서영일, "박윤선의 개혁신학연구", 335에서 재인용.
18) 박윤선, 야고보의 기도관, 1985, 합신동문수련회 설교, 설교 테이프 제6집.
19) 박윤선, 성경과 나의 생애, 영음사, 1992. 95.
20) 박윤선, "기도의 유익", 1983, 설교 테이프 제9집.
21) 박윤선, "야고보의 기도관", 1985, 설교 테이프 제6집.
22) 박윤선, "예배 행위로서의 금식기도", 1986, 설교 테이프 제10집.
23) 박윤선, "기도를 힘쓰자", 1980, 설교 테이프 제1집.
24) 박윤선, "예배 행위로서의 금식기도", 1986, 설교 테이프 제10집.
25) 박윤선, "기도에 힘쓰고 깨어 있으라", 1985, 설교 테이프 제12집.
26) 박윤선, "기도가 목표한 세계", 1985, 설교 테이프 제11집.
27) 박윤선, "우리가 사귀지 말아야 할 사람", 1985, 설교 테이프 제9집.

주

28) 박윤선, "게으름에 대한 경고", 1985, 설교 테이프 제6집.
29) 박윤선, "파수꾼의 밤이 어찌 되었느뇨", 1986, 설교 테이프 제8집.
30) 박윤선, "우리의 급선무", 1985, 설교 테이프 제6집.
31) 박윤선, "교회의 살 길", 1982, 설교테이프 제12집.
32) 박윤선, "기도의 유익", 1983, 설교 테이프 제9집.
33) 박윤선, "기도를 힘쓰자", 1980, 설교 테이프 제1집.
34) 박윤선, "기도가 막히지 않는 비결", 1985, 설교 테이프 제5집.
35) 박윤선, "기도에 힘쓰고 깨어 있으라", 1985, 설교 테이프 제12집.
36) 박윤선, "응답되는 기도", 1984, 설교 테이프 제2집.
37) 박윤선, "강청하는 기도", 1985, 설교 테이프 제3집.
38) 박윤선, "기도 응답의 보장", 1985, 설교 테이프 제3집.
39) 박윤선, "한나의 기도(1), 1984, 설교 테이프 제2집.
40) 박윤선, "요나의 기도", 1987, 설교 테이프 제16집(미발간).
41) 박윤선, "기도를 힘쓰자", 1980, 설교 테이프 제1집.
42) 박윤선, "기도의 유익", 1983, 설교 테이프 제9집. cf. "기도 응답의 보장", 1985, 설교 테이프 제3집.
43) 박윤선, "기도의 유익", 1983, 설교 테이프 제9집.
44) 박윤선, "기도 응답의 보장", 1985, 설교 테이프 제3집. cf. "기도의 유익", 1983, 설교 테이프 제9집.
45) 박윤선, "기도를 힘쓰자", 1980, 설교 테이프 제1집.

46) 박윤선, "기도에 힘쓰고 깨어 있으라", 1985, 설교 테이프 제12집.
47) 박윤선, "파수꾼의 밤이 어찌 되었느뇨", 1986, 설교테이프 제8집.
48) 박윤선, "강청하는 기도", 1985, 설교 테이프 제3집.
49) 박윤선, "기도가 막히지 않는 비결", 1985, 설교 테이프 제5집.
50) 박윤선, "우리가 사귀지 말아야 할 사람", 1985, 설교 테이프 제9집.
51) 박윤선, "기도에 대한 예수님의 평가", 1987, 설교 테이프 제17집.
52) 앞의 설교.
53) 박윤선, "기도가 목표한 세계", 1985, 설교 테이프 제11집.
54) 박윤선, "기도를 힘쓰자", 1980, 설교테이프 제1집.
55) 앞의 설교.
56) 앞의 설교.
57) 박윤선, "한나의 기도(1)", 1984, 설교테이프 제2집.
58) 박윤선, "기도가 목표한 세계", 1985, 설교 테이프 제11집.
59) 앞의 설교.
60) 앞의 설교.
61) 앞의 설교.
62) 박윤선, "히스기야의 기도", 1983, 설교 테이프 제4집.
63) 박윤선, "그리스도 승천 후 첫 기도회", 1987, 설교 테이프 제15집.
64) 박윤선, "한나의 기도(2)", 1984, 설교 테이프 제2집.
65) 앞의 설교.

주

66) 박윤선, "강청하는 기도", 1985, 설교 테이프 제3집.
67) 박윤선, "응답되는 기도", 1984, 설교 테이프 제2집.
68) 박윤선, "기도의 유익", 1983, 설교 테이프 제9집.
69) 박윤선, "요나의 기도", 1987, 설교 테이프 제16집(미발간).
70) 박윤선, "한나의 기도(2)", 1984, 설교 테이프 제2집.
71) 박윤선, "강청하는 기도", 1985, 설교 테이프 제3집.
72) 박윤선, "기도의 유익", 1983, 설교 테이프 제9집.
73) 박윤선, "나의 생애와 기도생활", 1987, 설교 테이프 제16집.
74) 박윤선, "기도생활에 만전을 기하자", 1982, 설교 테이프 제5집.
75) 박윤선, "강청하는 기도", 1985, 설교 테이프 제3집)
76) 박윤선, "우리가 사귀지 말아야 할 사람", 1985, 설교 테이프 제9집.
77) 박윤선, "기도의 유익", 1983, 설교 테이프 제9집.
78) 박윤선, "응답되는 기도", 1983, 설교 테이프 제2집.
79) 박윤선, "기도를 힘쓰자", 1980, 설교 테이프 제1집.
80) 박윤선, "보편주 측면에서 본 기도", 1985, 설교 테이프 제3집.
81) 박윤선, "기도의 유익", 1983, 설교 테이프 제9집.
82) 박윤선, "기도를 힘쓰자", 1980, 설교 테이프 제1집.
83) 박윤선, "기도가 목표한 세계", 1985, 설교 테이프 제11집.
84) 박윤선, 나의 생애와 기도생활", 1987, 설교 테이프, 제16집.
85) 박윤선, "기도가 목표한 세계", 1985, 설교 테이프 제11집.

86) 박윤선, : "나의 생애와 기도생활", 1987, 설교 테이프 제16집.
87) 앞의 설교.
88) 앞의 설교.
89) 앞의 설교.
90) 앞의 설교
91) 앞의 설교.
92) 이 항목은, 필자의 논문, "설교학적 관점에서 본 정암 박윤선의 설교", 제18회 정암신학강좌, 정암 박윤선의 설교, 2006, 100-104의 내용을 보완 인용한 것임.
93) 박윤선, 신학연구, 주석, 설교에 바친 생애, 신앙계, 1983년 1월호, p.39
94) 서영일, 박윤선의 개혁신학 연구, 149, 신복윤 상게서, p.88
95) 신복윤, "성경의 사람, 한국의 나다나엘", 박윤선의 생애와 사상, p.87
96) 박윤선, 복음 사역에 있어서 바울의 모범, 1984, 인천노회 특강, 설교 테이프 제5집
97) 박윤선, 나의 신학과 나의 설교, 신학정론 제4권1호(1986.5), p.6
98) 박윤선, 나의 생애와 기도생활, 87케직사경회 테이프, 설교테이프 제5집
99) 박윤선, 나의 신학과 나의 설교, 신학정론 제4권1호(1986.5), p.6
100) 박윤선, 성경과 나의 생애, p.171, 나의 생애와 기도생활, 87케직사경회 테이프

주

101) 박윤선, 복음 사역에 있어서 바울의 모범, 1984, 인천노회 특강, 설교테이프 제5집
102) 박윤선, 나의 신학과 나의 설교, 신학정론 제4권1호(1986.5), p.6
103) 박윤선, 성경과 나의 생애, p. 171
104) 박윤선, 나의 생애와 기도생활, 87 케직사경회 테이프, 설교테이프 제16집(미발간)
105) 이창숙 권사와의 인터뷰, 2006. 9월.
106) 박윤선, "기도의 유익", 1983, 설교 테이프 제9집.
107) 박윤선, 성경과 나의 생애, p.171

저 자

정창균
설교운동에 앞장서는 설교학자!

그는 17년 동안 설교 운동을 펼치고 있다. 10여명으로 설립하여 (1999) 그동안 수백 명의 설교자를 길러낸 설교자하우스가 그 산실이다. 이 단체의 비전은 설교자 스스로 말씀의 능력을 나타내는 자로 서는 것과 함께 그런 설교자들을 길러내는 것이다. 그래서 설교 훈련 방식의 기본 철학을 이렇게 내건다. "소수의 사람들이, 반복적으로, 장기간!"

-

그는 합동신학대학원대학교에서 신학을 공부하고 남아공 스텔렌보쉬 대학교에 유학하여 한국인 최초의 설교학 박사학위를 받았다. 현재 합동신학대학원대학교의 설교학 교수와 설교센터 소장이다. 한국설교학회 회장을 지냈다.

-

그는 한국교회 강단에 말씀의 회복과 부흥이 일어나기를 꿈꾸면서 신학생들과 목회자들을 대상으로 지속적인 설교 운동을 펼치는 실천적인 설교학자이다.